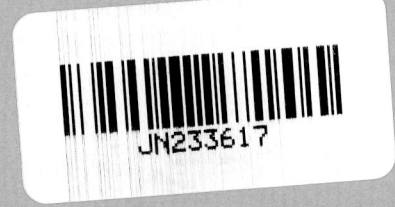

楽しくつくろう 草花おもちゃ

芸術教育研究所・おもちゃ美術館編

黎明書房

まつばのすもう(40頁) ▲

落花生の人形(参考) ▲

木の葉の虫かご(50頁) ▲

菜の花のたまごびな(参考) ▲

どんぐりのうさぎ(参考) ▲

ほおずき人形(参考) ▶

▲（62頁）　まつぼっくり人形　（参考）▲

すすきのみみずく（69頁）▲

クローバーの首飾り（参考）▶

おひしばのかんざし（79頁）▼

つばきのはかり（56頁）◀

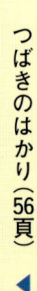

はじめに

ここに紹介する草花あそびは，のんびりした時代に生まれ育ったおとなが昔をなつかしむためのものではありません。

代々日本各地に伝えられてきた草花のあそびを，現在の環境の中で，現在の子どもたちに伝えることによって，子どもたちが身近な植物に注意を向け，実際に植物にふれてあそび，自然に対する思いやりをもつことができれば，という想いでひとつひとつ集めました。

草花あそびは，豊かな自然環境に育った人たちだけのものではありません。人と人とがひしめきあって暮らす都会の中にも，きっとどこかに草花あそびの空間はあるはずです。

この本をヒントに，自分流の草花あそびをつくってみませんか。

もくじ

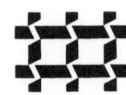

室内の工作あそび

アクセサリーあそび

ゆかいなあそび

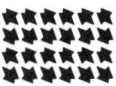

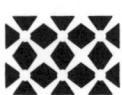

音あそび

草の葉でっぽう

てっぽうといっても，たまはでません。大きな葉をゆるくにぎって手のひらでたたくだけ。

ぽん！　と空気のはじける音がたまらなく，ついついなんどもやっているうちに手はまっか。

草や花で細工をするでもなく，大きい葉っぱさえあればできる簡単なあそびです。

A

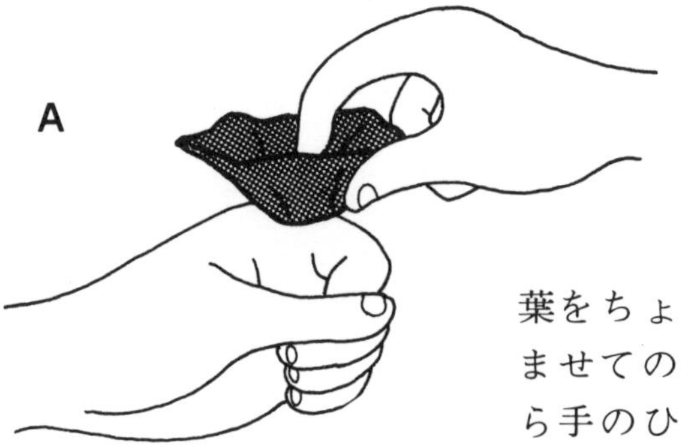

葉をちょっとくぼませてのせ，上から手のひらでたたく。

くず，どくだみの葉，または花びらでもよい。

ほかのあそび

Bのやりかたで、牛乳びんのふたをすきまがないように指に合わせて、下からたたくとよくとぶよ。

B

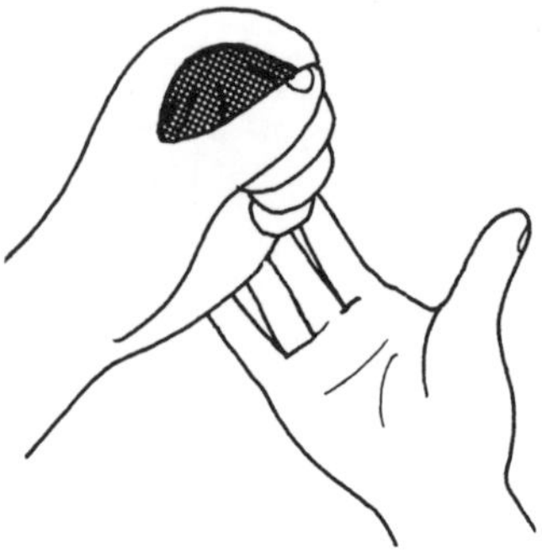

下から葉を入れておいて，下から手のひらでたたくととんでゆく。

ゆるくにぎっておく。

花のてっぽう

こちらは花の音あそび。やり方はいくつかあります。

ききょうのつぼみはうすむらさきのふうせん。指でつぶすとポンとはじけます。すこしかわいそうですね。

ひるがおは，ラッパになって開いたところを指でとじて，根元からふくらませてからつぶします。

〝ふくれんぼ〟は厚味のある花びらをもんでふくろにし，ふくらませてこれもつぶすあそびです。おにゆりやもくれんなどでもあそべます。

草ぶえ

草花あそびといえば，まず草ぶえを思い浮かべる人が多いのではないでしょうか。葉・茎・実，いろいろなふえが自然の中から生まれます。

それぞれの材質，つくり方によって音もさまざまです。ここでは代表的なものをひろってみました。身近に見かける草がほとんどですから，自然の音色を楽しんでみてはいかがでしょう。

ささのまきぶえ

まるまった新しい葉をぬいて
ひろげてからまたまいてふく。

たんぽぽぶえ

やわらかい茎を
4 cmくらいに切
り，吹く方を少
しつぶす。

つばきの葉のふえ

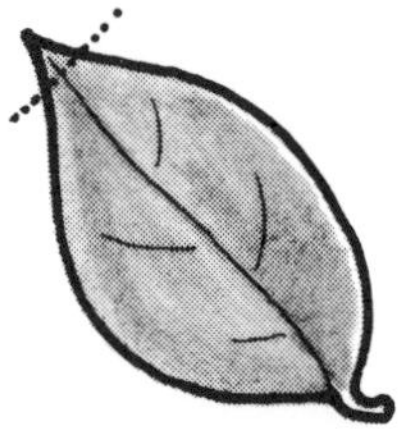

やわらかい葉の先を
少し切ってまく。
吹く方を少しつぶす。

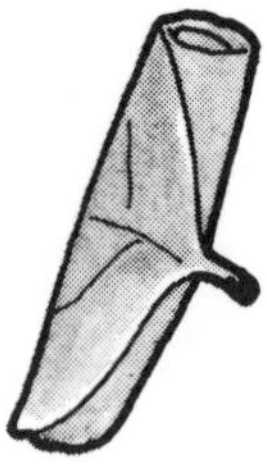

ほかのものでつくろう
ねずみもち，さかき，
まさき，ささなど
いろいろな葉でできる。

すずめのてっぽうのふえ

①出かかった穂を矢印
のところからぬく。

②穂をぬいて葉
を下へ折る。

ここから吹く

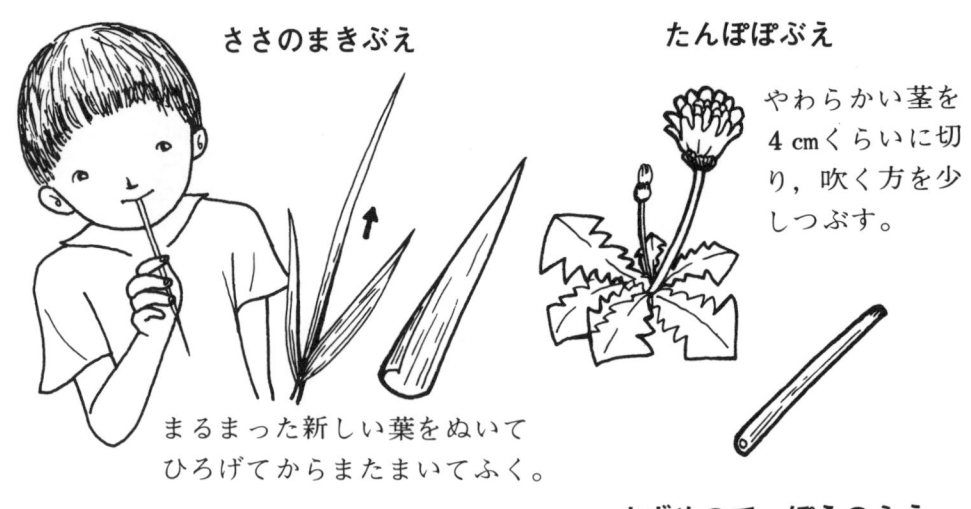

からすのえんどうのふえ

① さやのへたの方を切り実を出す。

ここを切りひらく

② できあがり

こちらから吹く

あしのラッパ

長い葉をぐるぐるまいてラッパにする。

ささの葉でもできる

つばきの実のふえ

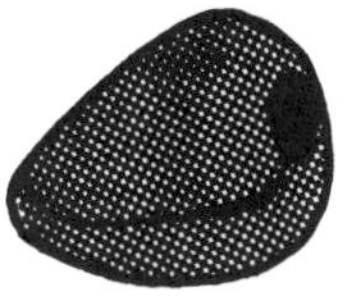

コンクリートやサンドペーパーでこすって穴をあけ，なかみを出す。

たけぶえ

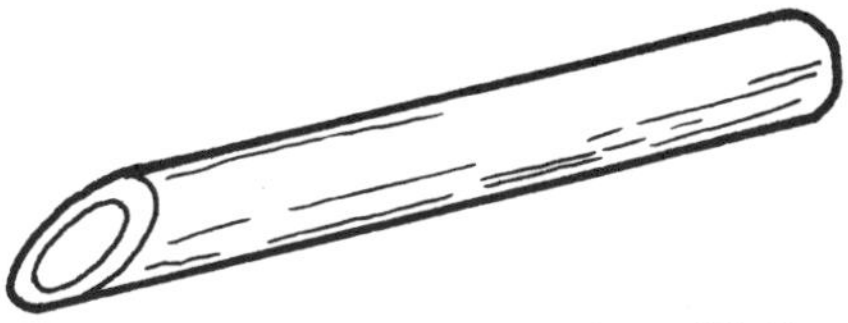

① しのだけをななめに切る。

② 切りこみを入れる。

③ 葉を切って切りこみにはさんで吹く。

しょうぶのふえ

葉を切って親指のあいだにはさんで強く吹く。

のかんぞう，ささでもできる

ふじのぶんぶんごま

春のさかりにうすむらさきの房をたれて咲くふじの花。その花房の姿と色の上品な美しさは，古く万葉集の中にも数多く歌われています。

庭園や公園にも好んで植えられますが，山の中には自生しているものがたくさんあります。野生のふじならあそびに使うのにもってこいの材料です。

つるでかごをあんだり，葉柄を集めてゲームをしたり，そして花が咲いたあとには豆。20センチほどもあるさやをぶんぶんごまにと考えついたのは，どこの子でしょうか。ほどよい厚味でうなりをあげてまわります。

つくり方

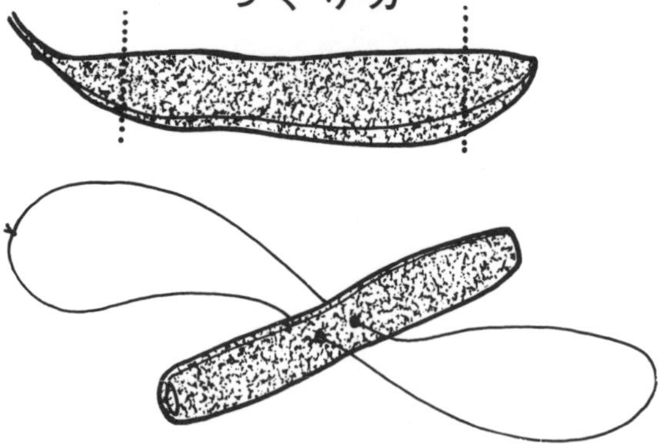

ふじの豆のさやの両端を落として穴をあけ，糸をとおす。

うまくまわるかな？

ほかのものでは？

えにしだは夏に、ねむのきは秋に豆ができます。いろいろな豆さやでもためしてみましょう。

えにしだ
黄色い花が咲いて
豆ができる。

なずなの楽器

なずなというよりペンペン草といった方がピンとくるかもしれませんね。道ばたでも空地でもよく見かけますが，春の七草のひとつに数えられています。小さな緑色のハートがいっぱいついていて，1，2本ずつ両手に持ってこすり合わせると，チャカチャカ音がします。子どもたちは，これをお祭りの時に使う楽器〝ささら〟と呼びます。また，ハートの実のついているところをひっぱって皮をむき，茎を手のひらでまわせば，かわいらしい音が聞こえます。時にはこんな素朴な音色を楽しんでみませんか。

ささら

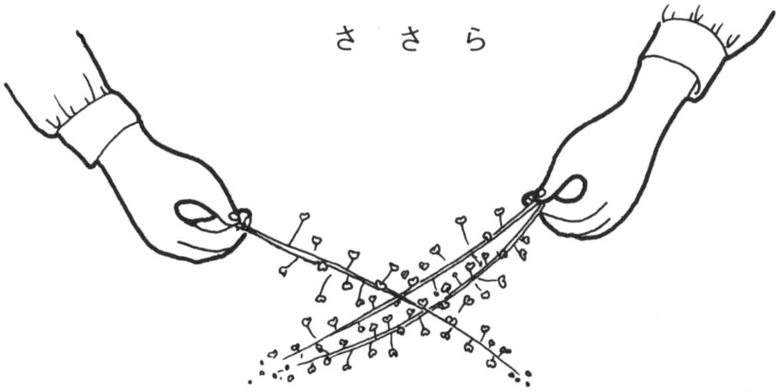

すず

実をひっぱって皮をむき，ぶらさがるようにします

くるくるまわすと音が聞こえます

春の七草

せり。なずな。ごぎょう。はこべら

ほとけのざ。すずな。すずしろ

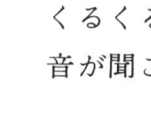

音あそび

かえるの声

郊外の田んぼや畑や山までが，どんどん宅地へと造りかえられ，いたるところで野生の草花が減ってきています。植物の生きてゆく場所がそうならば，動物たちにとっても同じことです。

夏のころさわがしく鳴きたてるかえるの声も，昔にくらべればずいぶん少なくなったようです。雨あがりに庭のすみでケロケロケロとかわいらしいあまがえるの声を聞くと，なんだかホッとします。

さて町の中にもかえるの声をとりもどそう，というわけでもありませんが，ゆかいなかえるのおもちゃを作ってみました。竹筒とまつやにを使ったらそっくりな音が出るのです。

だれかさんをおどろかせてみませんか。

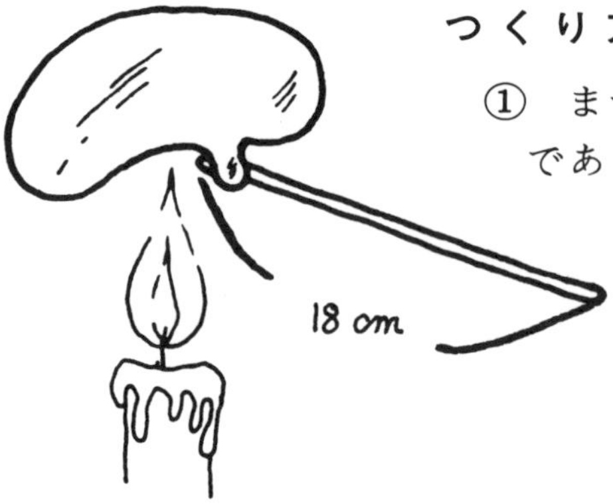
18 cm

つくり方

① まつやにをろうそくであたためてやわらかくし，竹ひごの先にまきつける。

まつやには薬局などで売ってるよ。

② やわらかいうちにつり糸でみぞをつける。

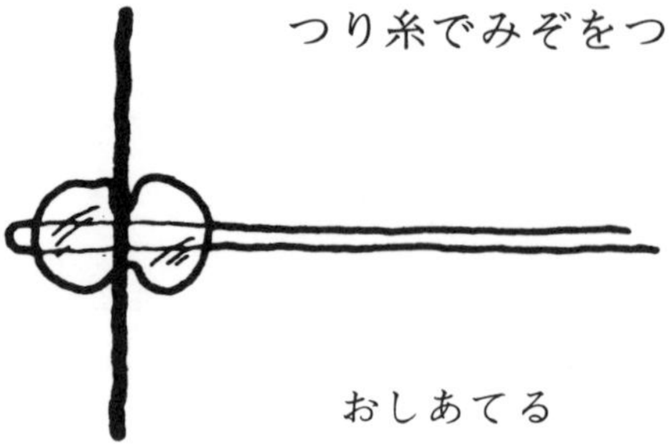
おしあてる

③ つり糸をしばる。糸がまわるくらいゆるく。

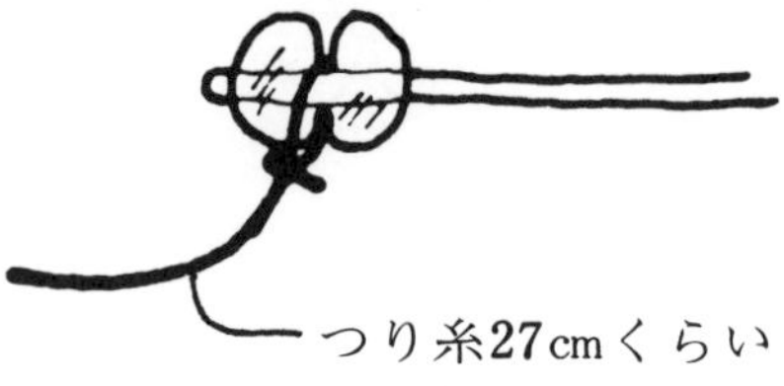
つり糸27cmくらい

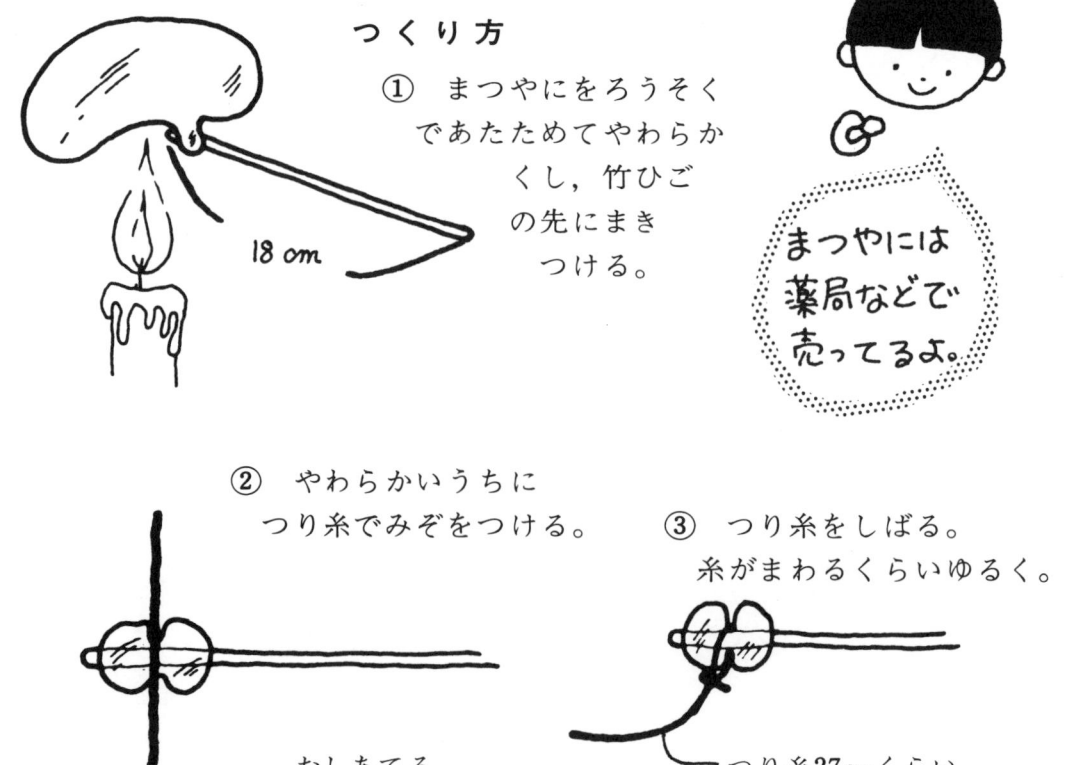

④　直径3㎝くらいの竹につやつやした紙（包装紙など）をはる。

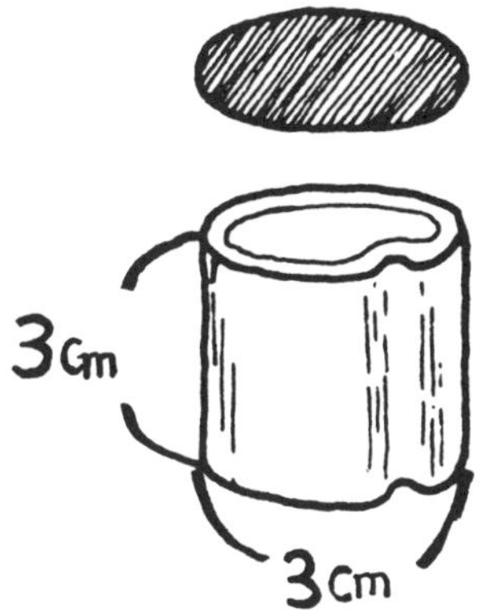

⑤　はった紙のまん中に③のつり糸のはしをさして通し，その先にマッチ棒を折ったものをしっかりとしばる。

⑥　つり糸をひいてマッチ棒を竹の中にいれる。

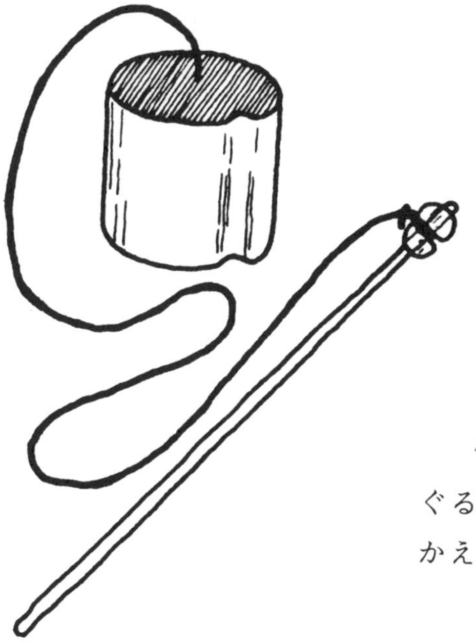

竹ひごをもって
ぐるぐるまわすと
かえるの声がするよ！

音あそび

やつでの実とばし

大きな手のひらのような葉をつやつやと，庭先にしげるやつで。この名前は葉が八つに分かれているところからきたものですが，実際はもっと多く分かれているものを見かけます。

秋もおわりのころになると，大きな葉からつき出すようにして白い小さな花が咲きます。実を結んだ花は枯れ，翌年の春に丸い種子となるのです。

5月ごろ黒く熟した実は，あそびの材料として子どもたちにつみとられます。鉄砲のたま，実とばし，このくらいのあそびならすぐにできますね。

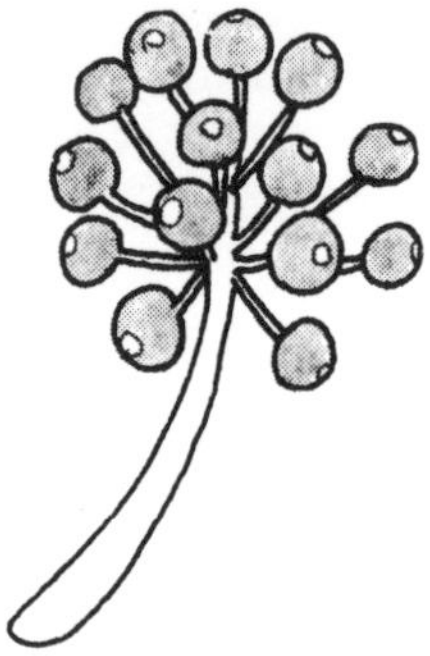

つくり方

① やつでの実を下の茎といっしょにとる。

② 下の茎にひっかけてとばす。

キュッと下に引くとポンととぶ

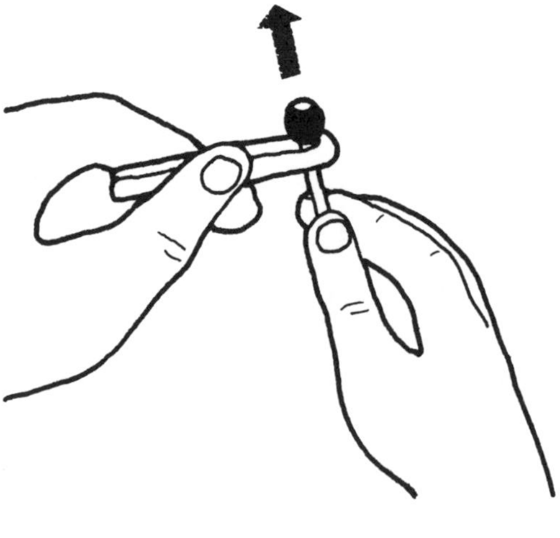

風のあそび

れんげの風ぐるま

田畑の肥料として大切にされたれんげも，今は化学肥料にとってかわられ，あの濃いピンクのれんげ畑もあまりみかけなくなりました。

春の野であそび疲れたら，ひと休みしてれんげの風ぐるまをつくってみませんか。野原や，あぜ道や，土手を探してみましょう。きっとどこかでそっと咲いていますよ。

つくり方

① たんぽぽの茎を切って
ストローを２本つくる。

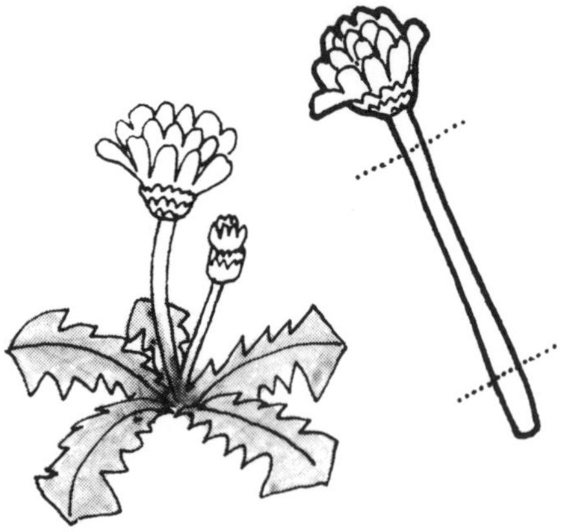

② １本の茎にれんげの花をさし，
もう１本の茎で息をふきかける。

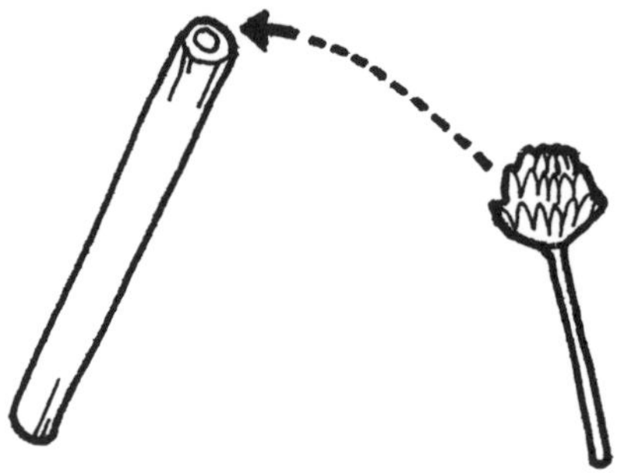

♫ひらいた ひらいた♫

ひらいた　ひらいた
なんの花が　ひらいた
れんげの花が　ひらいた
ひらいたと　おもったら
いつのまにか　つぼんだ

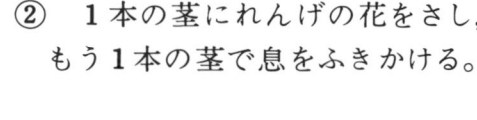

あしの風ぐるま

野原や水辺の草地，池のまわりなどに茂っているあし。時々茂みの中から「ギョシギョシ」とよしきりがさわがしく鳴くのが聞こえることもあります。

5月ころになると，緑の葉がさやさやとなびいて，風を呼んでいるかのようです。葉っぱで風ぐるまをつくりましょう。少しこわれやすいのですが，材料はたくさんありますから，すぐにつくれます。

つくり方

① あしの葉を4枚重ね，中心に向かって折り重ねる。

② 全部を重ねたら，小枝で中心をとめる。

③ あしの茎を切って受けじくにする。
重ねてとめた小枝をさせばできあがり。

ほかのあそび方

新しい葉が，まいたままツンと先に出ていたら，ぬきとってふえにしましょう。

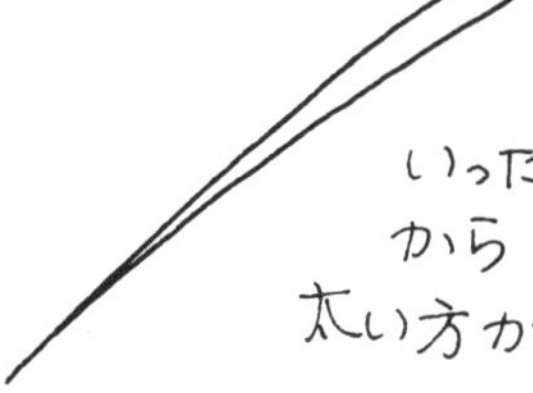

いったん葉をひろげてからもとにもどし，太い方からふく。

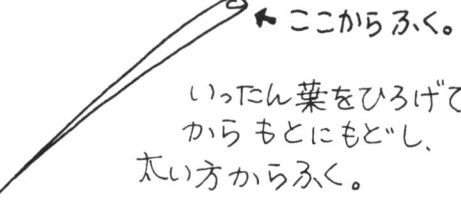

あだんの風ぐるま

沖縄では97歳になると〝かじまやー〟というお祝いをします。子どもにかえるというわけでしょうか，お祝いされるおとしよりは，風ぐるまを持ってお客のあいだをまわります。

この風習から，あだんの葉でつくった風ぐるまも〝かじまやー〟と呼ばれています。ここにのせたものは４枚羽ですが，８枚羽のものもあります。ちょっと器用な子ならうまくつくれるでしょう。

まっさおな南の空の下をあざやかな緑の風ぐるまをかざして走る子どもたちの姿が目に浮かびます。

つくり方

① あだんの葉２枚を30㎝くらいに切って十字に重ねる。

② 葉がとおるくらいの幅をあけて，ななめに折りかえす。

③④
順に葉を折り重ねてゆく。

③

④

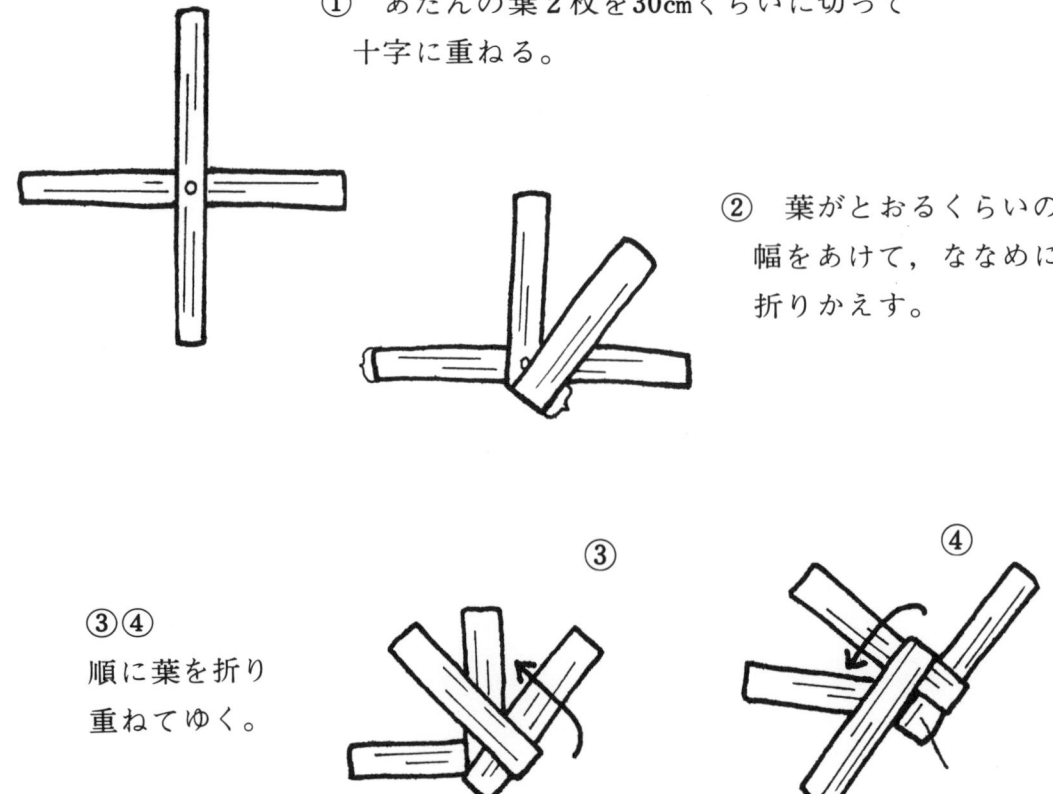

⑤　おしまいの葉は，折りかえしのところにくぐらせる。

⑥　補強のために葉を小さく切って中心にあて，小枝か竹ひごをさす。

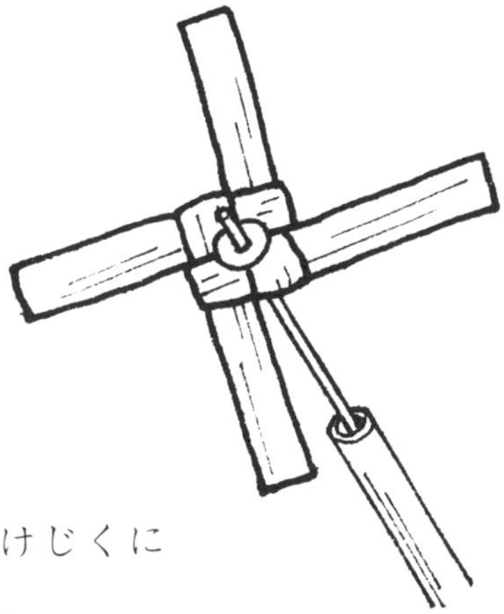

ストローなどの受けじくにさしてできあがり。

アダンの葉がなくてもできますよ。
厚めの紙をきって同じように
おってつくりましょう。
色をぬるととてもきれい！

ほおずきのふきだま

お盆のころになると花屋さんの店先をいろどるほおずきは，古くから日本人に親しまれてきました。7月9日，10日に開かれる浅草のほおずき市は大変な人出でにぎわいます。はち植えのかわいらしいほおずきが竹製のかごに入れられていっぱい並び，ゆかた姿の娘さんも混じってあれこれと選んでいる風景は楽しいものです。

ほおずきをよくもんで中身を出してからっぽにすると，口の中でならすおもちゃになります。古くは漢方薬として使われていたようで，口の中に入れてあそぶのも昔の人の知恵でしょう。

ここではちょっと趣向を変えて，からっぽにした実でふきだまをつくりましょう。材料は，ほおずきの実のほかに，いらない筆の柄（竹製）を使います。

つくり方

① ほおずきの外の皮をさいて実を出し，完全にやわらかくなるまでゆっくりともみほぐす。

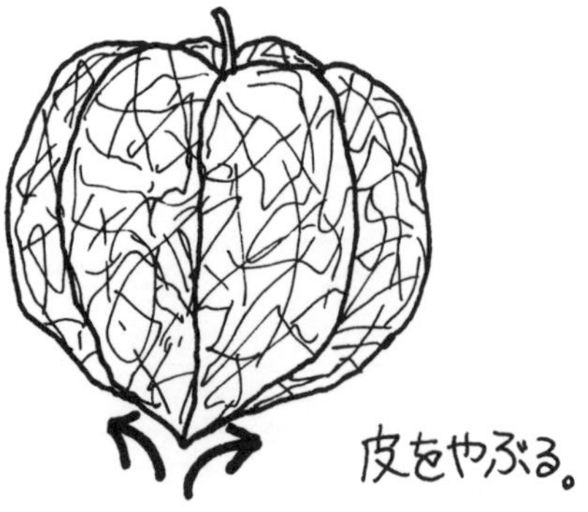

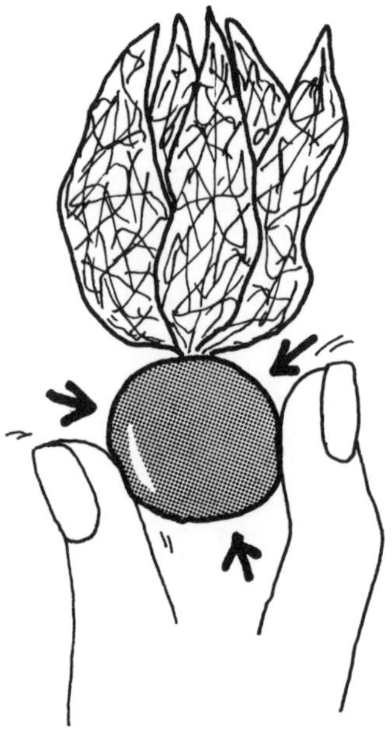

② くちを破らないように
そっと中身を出して，からにする。

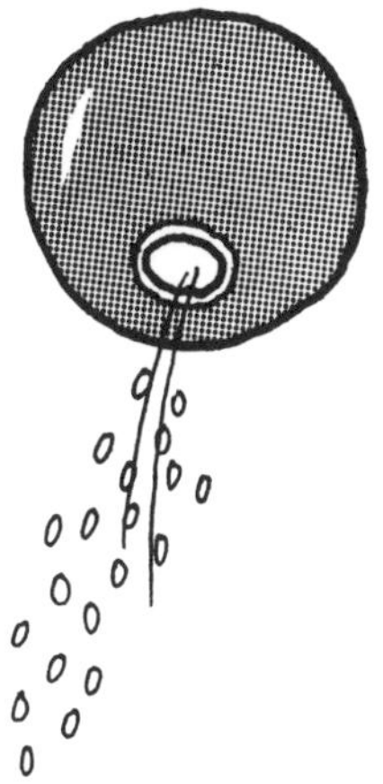

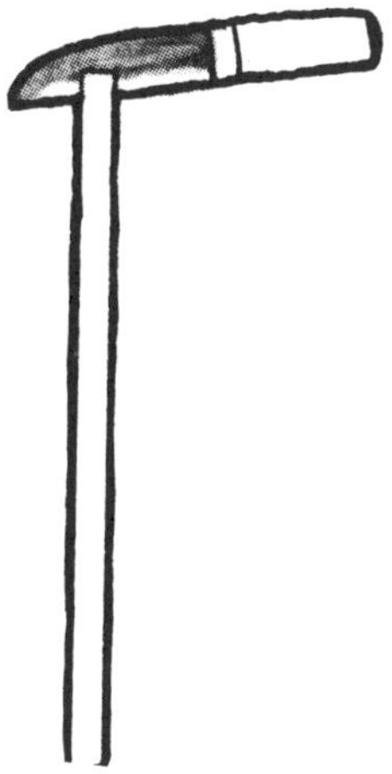

③ 筆の柄の両端を切り
おとし，片方だけ切り
込みを入れて広げる。

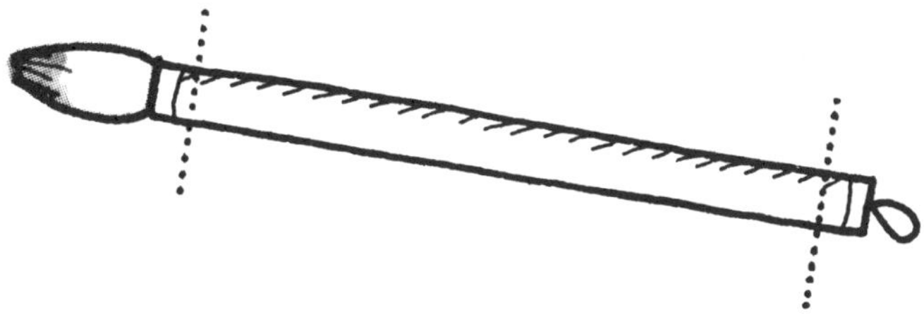

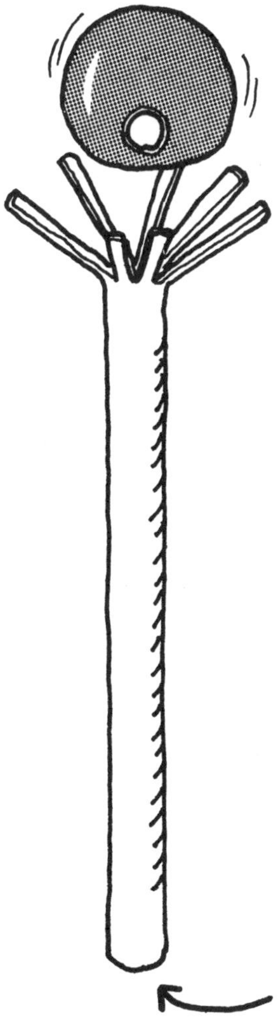

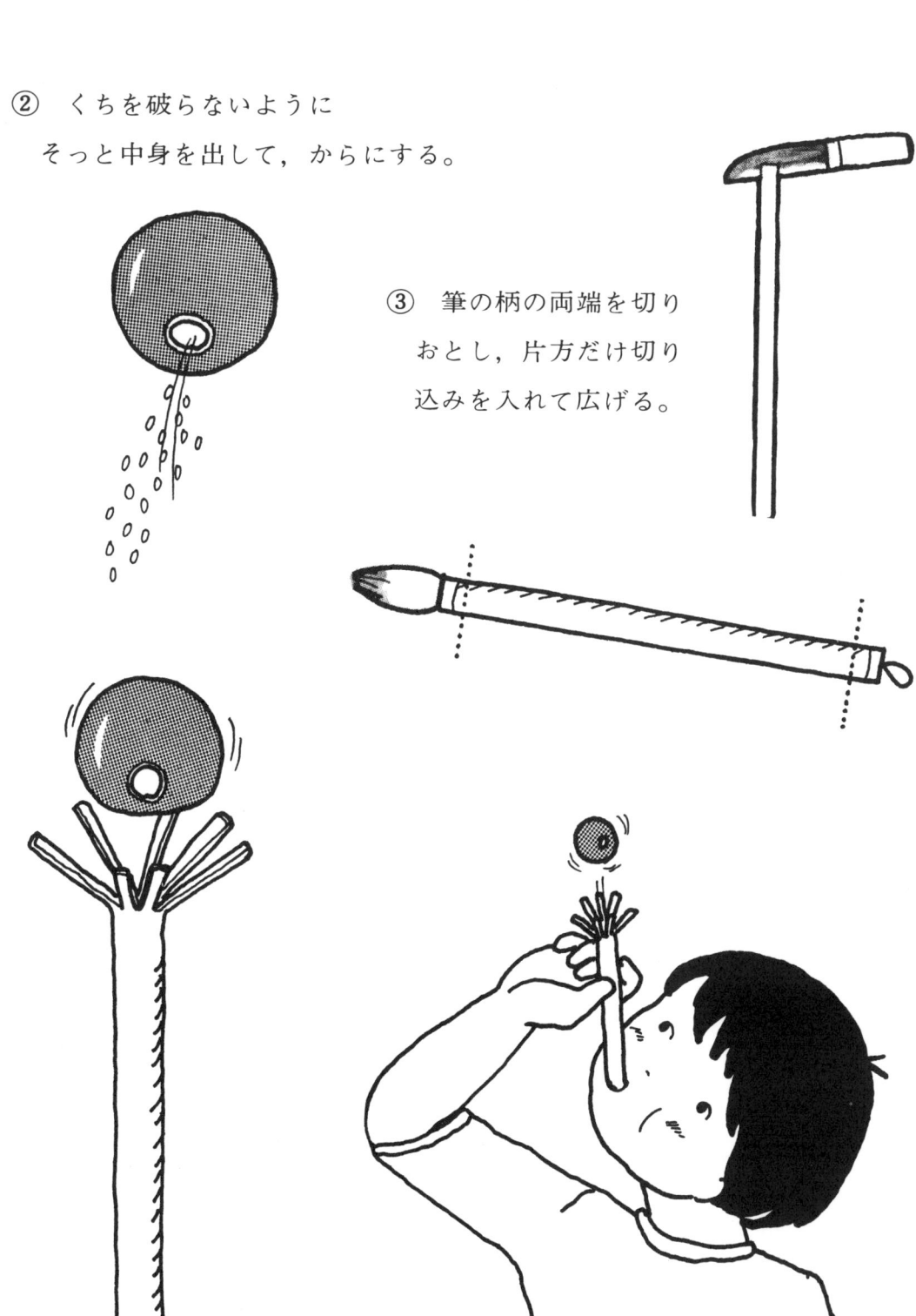

くりの葉の風ぐるま

冬が近くなると，冷たい風に吹かれて散る落葉がカサコソと泣いてさびしそう。山では，くりの葉も黄色からさらに茶色っぽくなって落ちます。長くて軽いくりの落葉は風ぐるまをつくるのにもってこいの材料です。

山の子どもたちは，くりひろいの帰りに手製の風ぐるまをかざして，元気に山道をかけおりてきます。本来なら木の実や小枝をくふうしてつくるのですが，竹ひごやストロー，だいずなど身近にあるものを使ってみましょう。

つくり方

① くりの葉を点線の部分にそって切りとる。

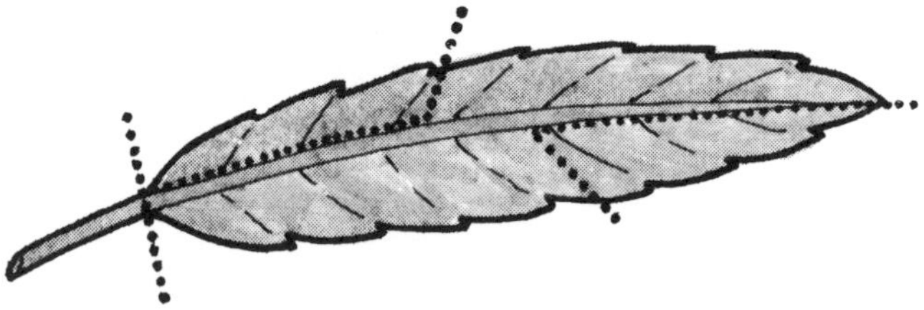

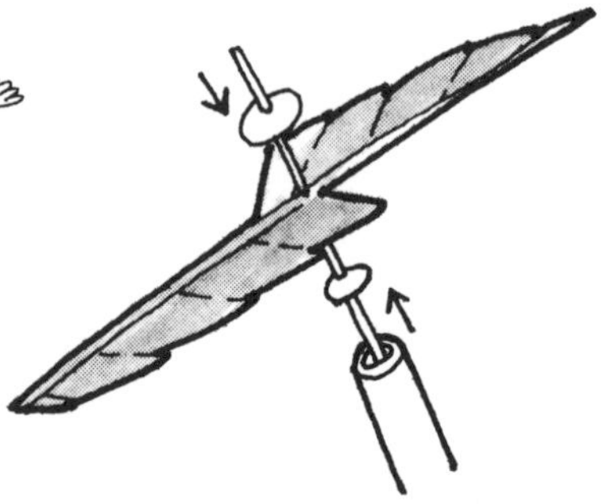

② 竹ひごをさして，だいずで葉のうらおもてをとめる。ストローにさしたらできあがり。

なんてんのつばめ

なんてんは，冬にまっかな実をつけます。雪のつもった庭のすみに，つやつやした小さな赤い実が映えてとてもきれい。草花の色彩に乏しい冬にはついうれしくてつまんでみたくなりますね。

寒い地方の子どもたちは，山で野生のなんてんをみつけると，実に3枚の葉をさしてつばめをつくります。力いっぱい空に向かって投げ上げると，なんてんのつばめはくるくる舞いながら落ちてくるのです。

ほかのあそび

これは知っていますね。
〝雪うさぎ〟
目はなんてんの実です。

ひいらぎの風ぐるま

とげとげのあるひいらぎは，もくせいの仲間で，白い小さな花が咲くといいにおいがします。クリスマスの飾りに使うこともありますし，節分にも厄よけとして使います。

冬でも元気な葉っぱで，風ぐるまをつくりましょう。

ひとつは，とげのところを指ではさんでフーッと吹くだけ。うまくバランスがとれたらよくまわります。

これだけではちょっとものたりないな，と思ったら，少しばかり工夫してみます。ストローと松葉を使って**2**枚羽の風ぐるまにしましょう。

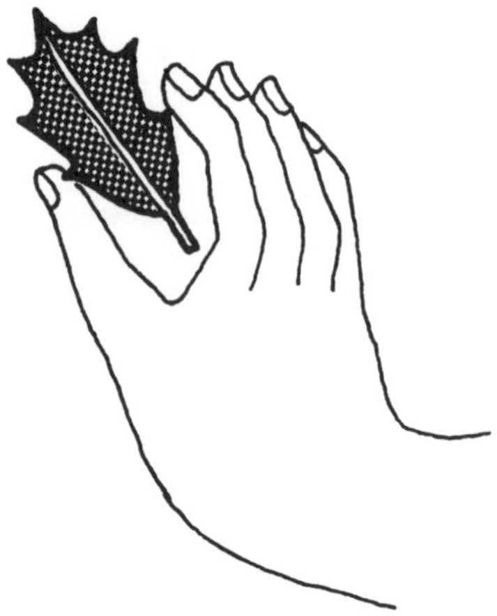

ひいらぎのとげをはさんでもち，息を吹きかけるとくるくるまわる。

バランスを考えて。

うまくまわるかな？

つくり方

① 短く切ったストローの両端にひいらぎをさす。

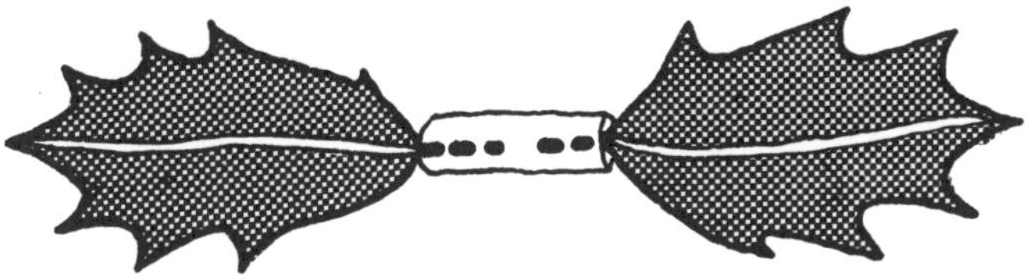

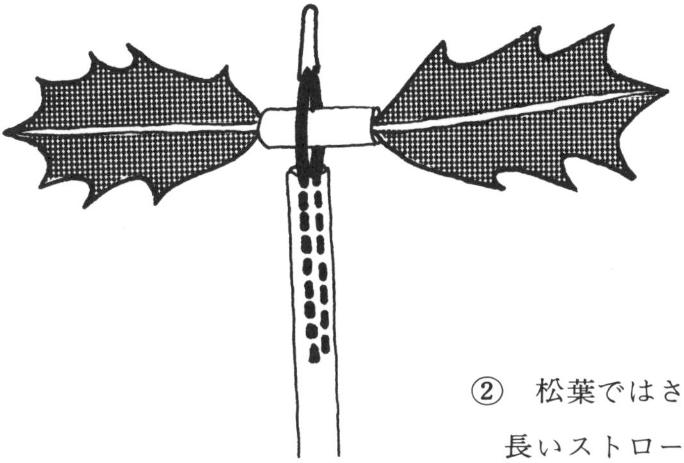

② 松葉ではさんで
長いストローにさす。

両方からふいたら
どうなるかな？

もみじのプロペラ

秋の山を赤くいろどるもみじやかえで。ふつうはどちらもあわせて「もみじ」と呼んでいるようです。どちらにも，赤やかっ色の羽を2枚つけた種ができます。この羽は種類によって大きさや形，色が少しずつちがっています。これでプロペラあそびができるのです。羽を1枚ずつに分けて投げると，くるくるまわりながら飛びます。どの羽がよく飛ぶかしらべてみましょう。

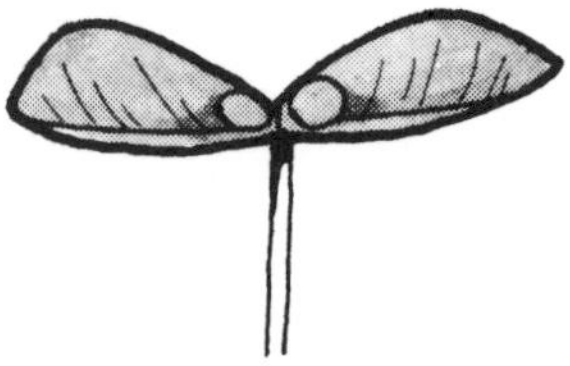

かえでの 種

水あそび

たんぽぽの噴水

たんぽぽ――名前を聞いただけであたたかい陽だまりの黄色が目に浮かびます。春から初夏にかけてあちこちの草むらで咲いていますね。だんだん水あそびが恋しくなるころ。たんぽぽの茎をつないで噴水であそびませんか？　やわらかな茎をつたって水がこぼれます。

たんぽぽのくきをつないで一方のはしを水につけ、水面より低いところで反対がわから吸うと、続いて水が出てきます。

たんぽぽの水ぐるま

たんぽぽを使ったあそびはたくさんあります。あそびだけでなく，葉は食用になりますし，根は薬用やお茶にも使われるようです。茎を折ってなめてみると，薬みたいなにがい味です。たんぽぽの茎の水あそびは，噴水のほかに水ぐるまがあります。小川の流れをみつけたら，せせらぎの中でくるくるまわるのをながめましょう。

つくり方

① たんぽぽの茎を切り，両端を6つくらいにさく。

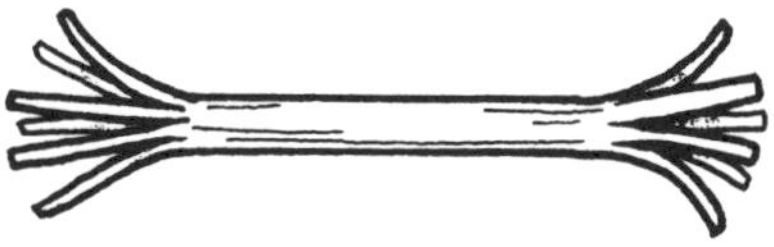

② さいたところを水につけるか，なめると，くるっと巻く。

③ 茎の中に竹ひごか細い小枝を通して，ふたまたの木の間にかければできあがり。

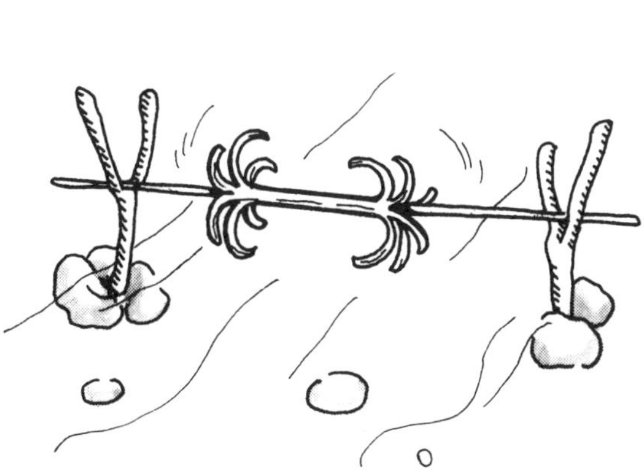

たんぽぽの花言葉

〈幸福をしらせる花〉

水あそび

ささぶね

〝さーさーのは　さーらさら〜〟歌声がつい口をついて出そうな，そんな七夕の夕。お祭りのかざりつけをしながらちょっとささの葉をもらって，流しぶねをつくりませんか。おとなの人でも，この舟ならすぐにつくり方を思い出せるのではないでしょうか。

つくり方

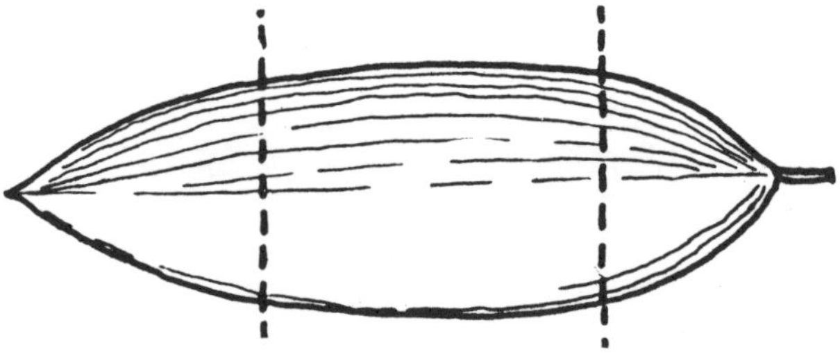

①　ささの葉を内側に折る。

②　両方に切れ目をつける。

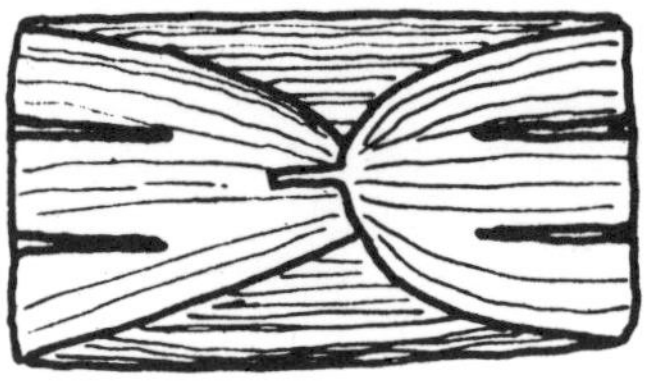

③　外側をさしこむ。

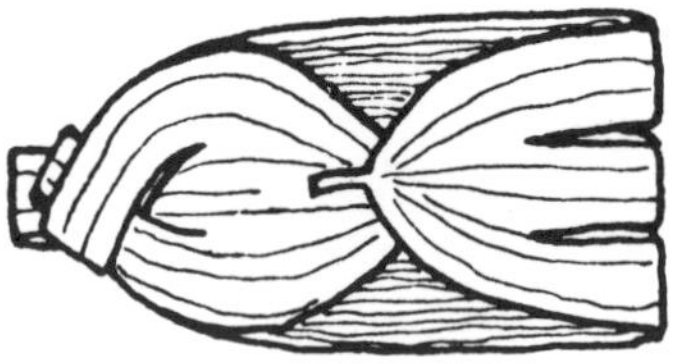

両端とも折ればできあがり

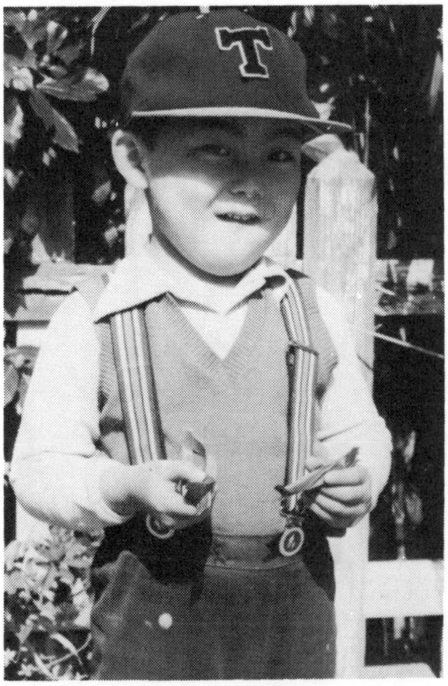

これ，ぼくがつくったんだよ！

しょうぶの親子ぶね

しょうぶは5月5日の端午の節句につきもの。平安時代から宮中ではしょうぶをこの日に用いたそうです。時代によって使い方は変化しましたが，邪気を払うとか，疫病よけにきくと信じられていました。今でもしょうぶ湯をたてる家庭は多いのではないでしょうか。

プンと青っぽい独特な香りのたつ湯ぶねは，なんともすがすがしいものです。

親子ぶねは，ささぶねと同じつくり方ですが，葉の長さを利用して折りかえし，中にも小さい舟をつくります。

つくり方

① しょうぶの葉のはしを折って切りこみを入れる。

② 外がわをあわせる。

③ 反対のはしも切りこみを入れて折る。

④ 内がわのはしを折りかえして切りこみを入れ、また折る。

できあがり

ほかのあそび

しょうぶの刀で
いざ ショーブ！

三代ぶね

親、子、孫まで作ってみよう！

水あそび

くちなしの水ぐるま

5月，6月ころになると，いいにおいをさせて，くちなしの花が開きます。〝くちなし〟という名前の由来は，実が熟しても口を開かないところから来ているようです。口はなくとも，庭のひとすみからすがすがしい香りで初夏のおとずれを告げてくれます。

この花もあそびに使われます。大きな白い花びらは，風ぐるまにもなりますが，水あそびの季節ですから，水ぐるまをつくってみましょう。

つくり方

① くちなしの花を2輪，背中あわせにして竹ひごを通す。

② 支えの枝にかける。

風ぐるま

水ぐるまも，両はしをもって息をかけるとまわります。
左の風ぐるまは，竹ひごをさしてだいずでとめ，ストローにさします。
ほかのあそびも考えてみましょう。

ねぎぼうずの水でっぽう

ねぎぼうずを知っていますか？　暑くなるころ，ねぎの茎の先に白い花がかたまってまるい玉のようになっています。背の高いの，低いの，ならんだところはどことなくユーモラスですね。

ねぎぼうずの水でっぽうで，水あそびをしましょう。麦わら帽をかぶって，ピュッピュッととばせば夏はすぐそこです。

①　ねぎぼうずを2本抜く。

②　小さい方は先をとる。

③　大きい方に水をいっぱい入れる。

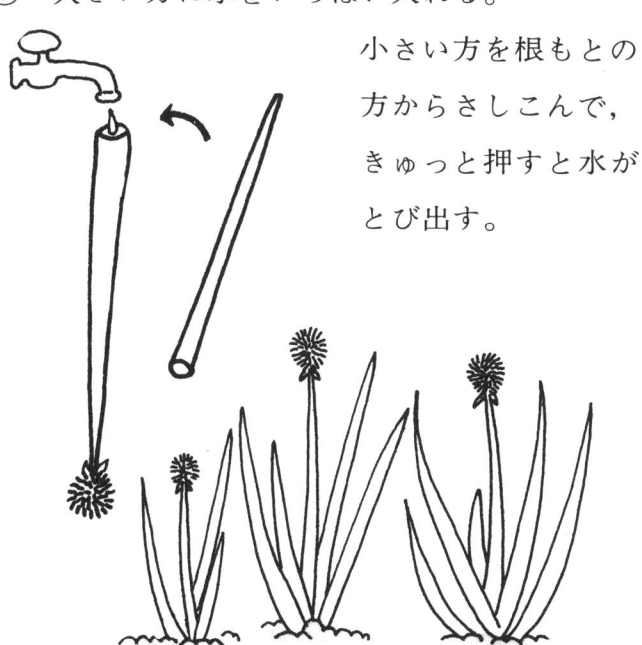

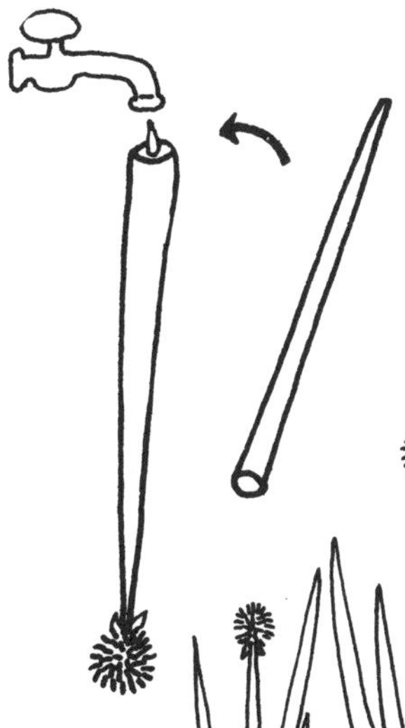

小さい方を根もとの方からさしこんで，きゅっと押すと水がとび出す。

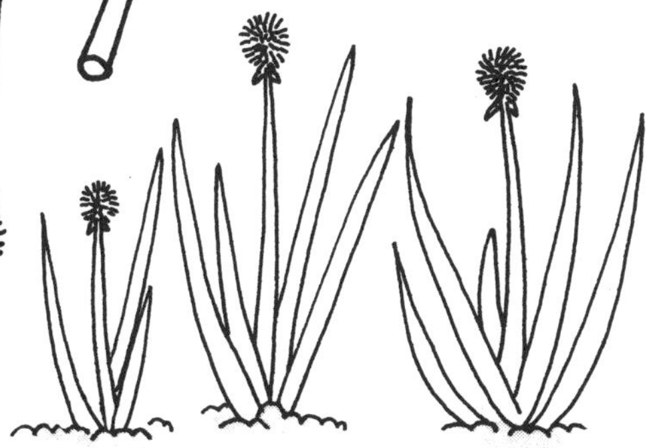

松のヨット

子どもたちのおもちゃは，実物をまねたものがほとんど。ミニチュアの世界で大きな夢をふくらませます。それも，自然のものを材料に自分の手でつくりあげる，となると，簡素なものからより豊かなイメージを育てることになるのではないでしょうか。

松のヨットならむずかしい技術もいりません。柔らかい枝ですから，ナイフで細工がしやすいのです。水に浮かべて真夏の海を楽しみましょう。

つくり方

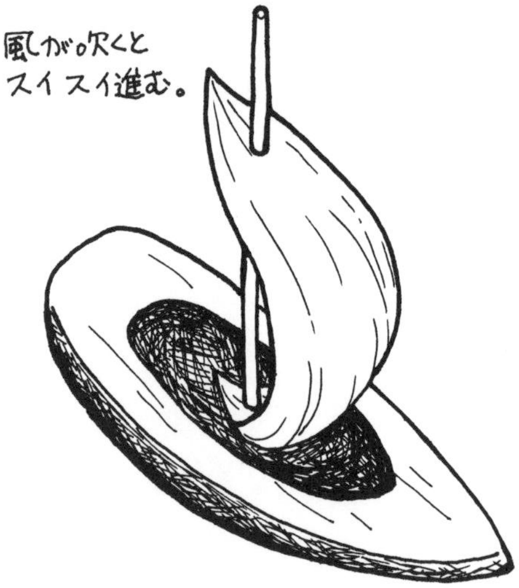
風が吹くと
スイスイ進む。

① 松の枝を削って長さ7 cm，厚さ1 cmくらいの舟をつくる。

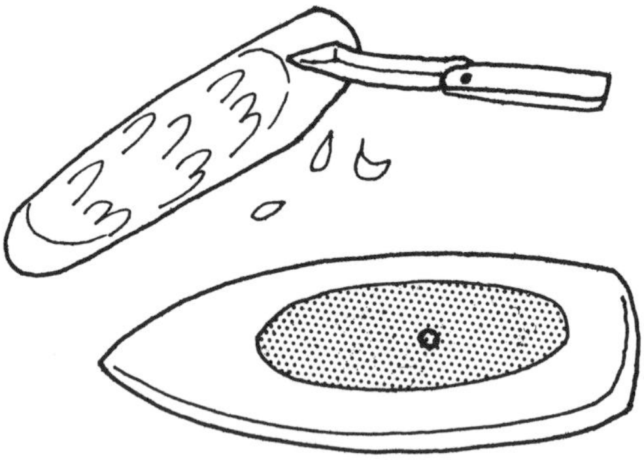

② ささなどの葉を帆にして小枝で舟につける。

ヨットレースだ！

くばのふね

沖縄でくばと呼んでいるのはびろう樹のことです。びろうはまた，よく似たびんろう樹と混同されますが，別の植物です。

びろう――くばは，沖縄をはじめ日本でも南の島などで自生します。森の中のくばの木は聖なる木とされ，厄払いの行事にも使われます。昔から日常生活にとり入れられ，日よけの笠に，ひしゃくに，そのほかさまざまな利用がなされたものです。もちろん子どもたちのあそびにも欠かせません。

くばの葉柄を切って船体をつくり，やらぶの帆をたてた舟は沖縄の子どもたちの健康な手から生まれてくるのです。

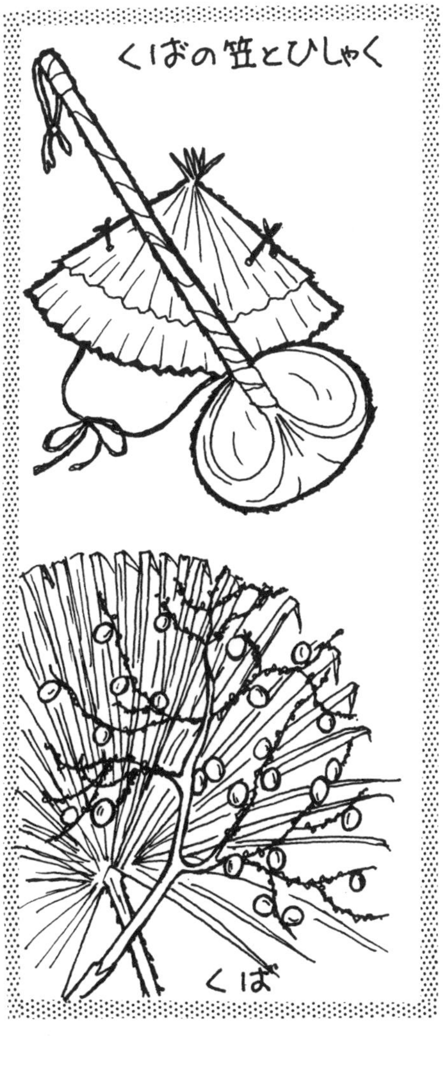

くりの水ぐるま

やおやさんの店先には，まるまるとした大きなくりが並べられますが，くりのいがの中には，大きなくりにおされて，平べったくなったものが入っています。山道でいがを拾ったら，しらべてみましょう。

ぺちゃんこのくりをいくつか集めたら水ぐるまができます。だいこんの輪切りと，くりでつくった水ぐるまは，もっこりして，まわる姿もユーモラスです。葉っぱや花の水ぐるまとはまたちがったおもしろさがありますね。

つくり方

① 輪切りにしただいこんに，平べったいくりの実をさしこむ。

② だいこんの中心に竹ひごか小枝をさし，支えの枝にかければできあがり。

ほかのあそび

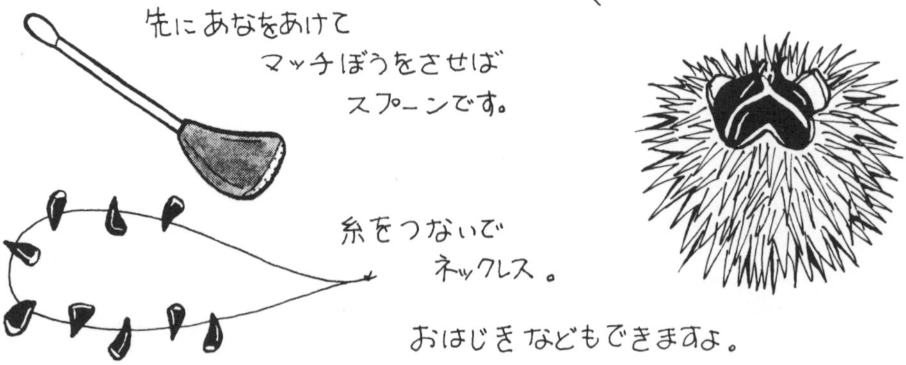
先にあなをあけて
マッチぼうをさせば
スプーンです。
糸をつないで
ネックレス。
おはじきなどもできますよ。

かちまけあそび

草花のすもう

すもうといっても，草花の茎をからませてひっぱりっこをしたり，花をたたいておとすかんたんなあそびです。ここに紹介したのは代表的なものですが，ほかの草花でもやれますから，ためしてみてはいかがでしょう。

すみれ

花が おちたらまけ。

クローバー

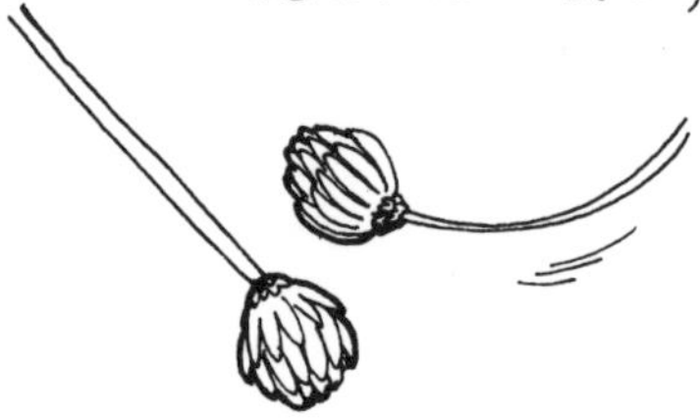

花をたたいておとす。
たんぽぽでもできます。

むらさきかたばみ

くきのすじをのこして
のこりのくきをねもと
ちかくでとる。
からませて
ひっぱる。

おおばこ

くきのひっぱりっこ。

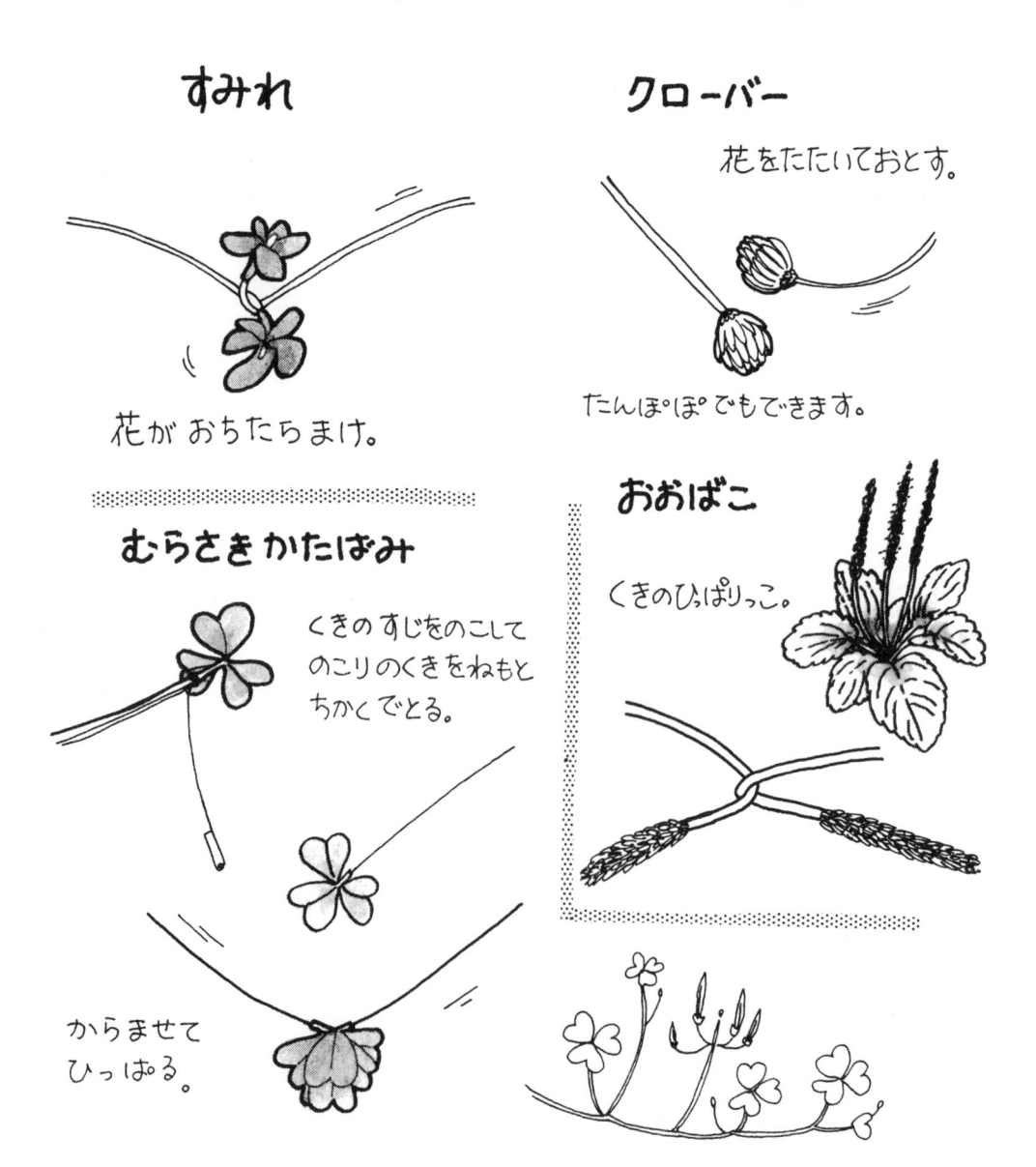

しろつめくさの長さくらべ

しろつめくさは，春の草花あそびのポピュラーな材料ですね。花輪にしたり四つ葉をさがしたり……。長くつないで小川に流し，どちらが長いかを競うあそびもそのひとつです。

また，三つ葉を三方からひっぱって，すじの長さをくらべます。長いのがおとうさん，次がおかあさん，いちばん短いのが赤ちゃん。

くきにあなを
あけてつなぐ。

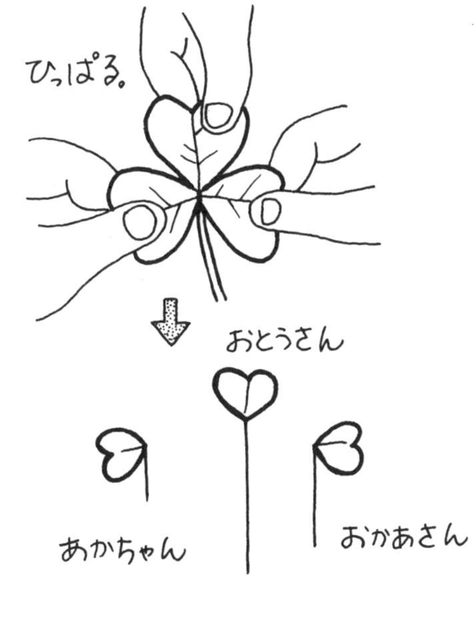
ひっぱる。
おとうさん
あかちゃん
おかあさん

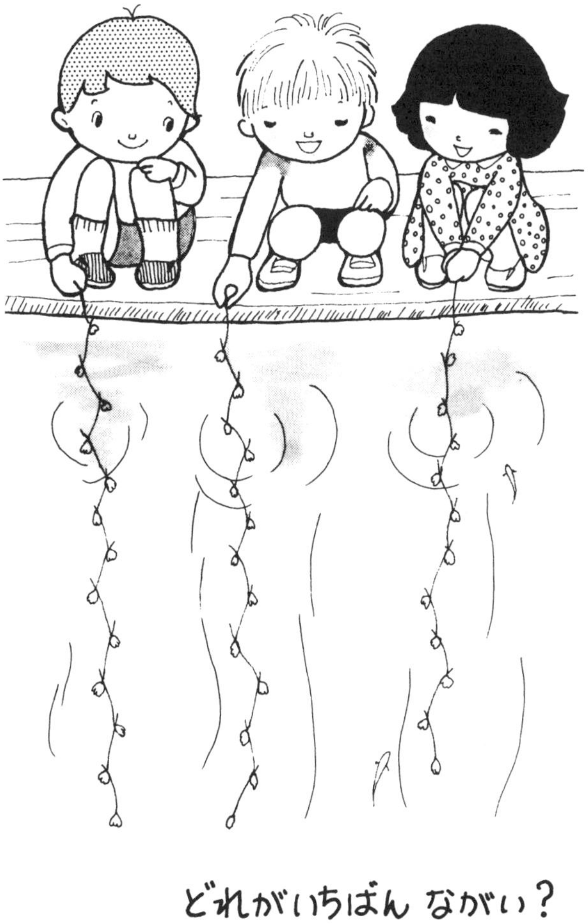
どれがいちばん ながい？

まつばのすもう

まつばのあそびは，お正月が過ぎて用ずみになった松かざりをもらった子どもたちが，くふうしていろいろなゲームをつくったようです。

あのツンととがった針のような葉は，なるほどアイデアしだいでいくらでもあそびに使えそうですね。

まつばのすもうにもいくつかのやり方があります。

まつばの馬ずもう

3本のまつばで馬をつくる。

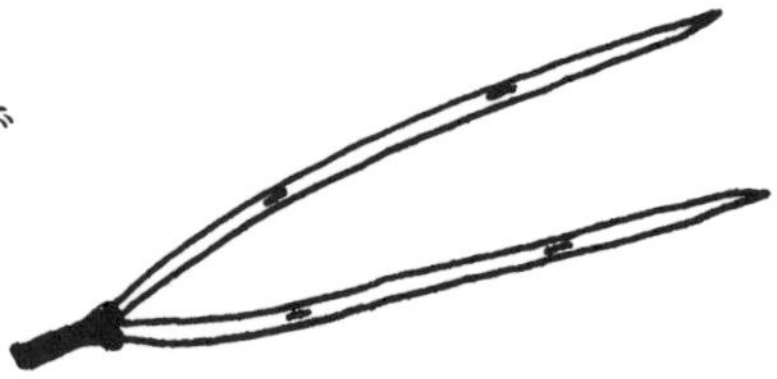

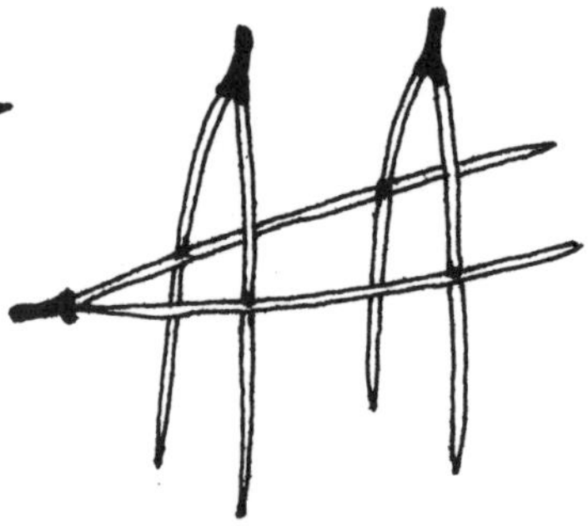

たおれたり，土俵の外に出たらまけ。

トントンたたこう。

まつばのおすもうさん

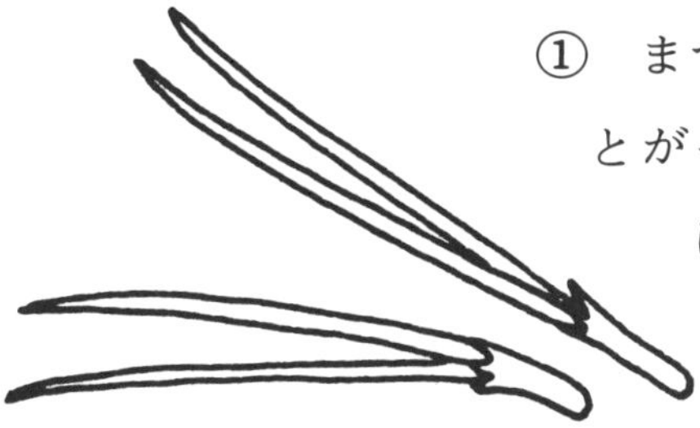

① まつばをたばにして，
とがった先がそろうよう
にして糸でしばる。

紙でおすもうさんをつくり，
粘着テープでまつばの
たばにつける。

紙箱の土俵を
つくろう。

すすきのなげ矢

ざわざわと秋の野にそよぐ銀色のすすき。古くは『万葉集』にもその名をとどめ，歌にもよまれています。あのしなやかで光沢のある穂が風になぶられすすり泣くような姿に，つい感傷的な気分になってしまいそうです。私たち日本人の感覚にぴったりした植物なのかもしれませんね。

さて，子どもたちにとってはどうでしょう。すすきの野原はかくれるのに絶好の場所。わけ入って，かけまわってインデアンごっこ。あきてきたらすすきのなげ矢でだれが遠くまでとばせるか競争がはじまります（人に向けてしない）。

つくり方

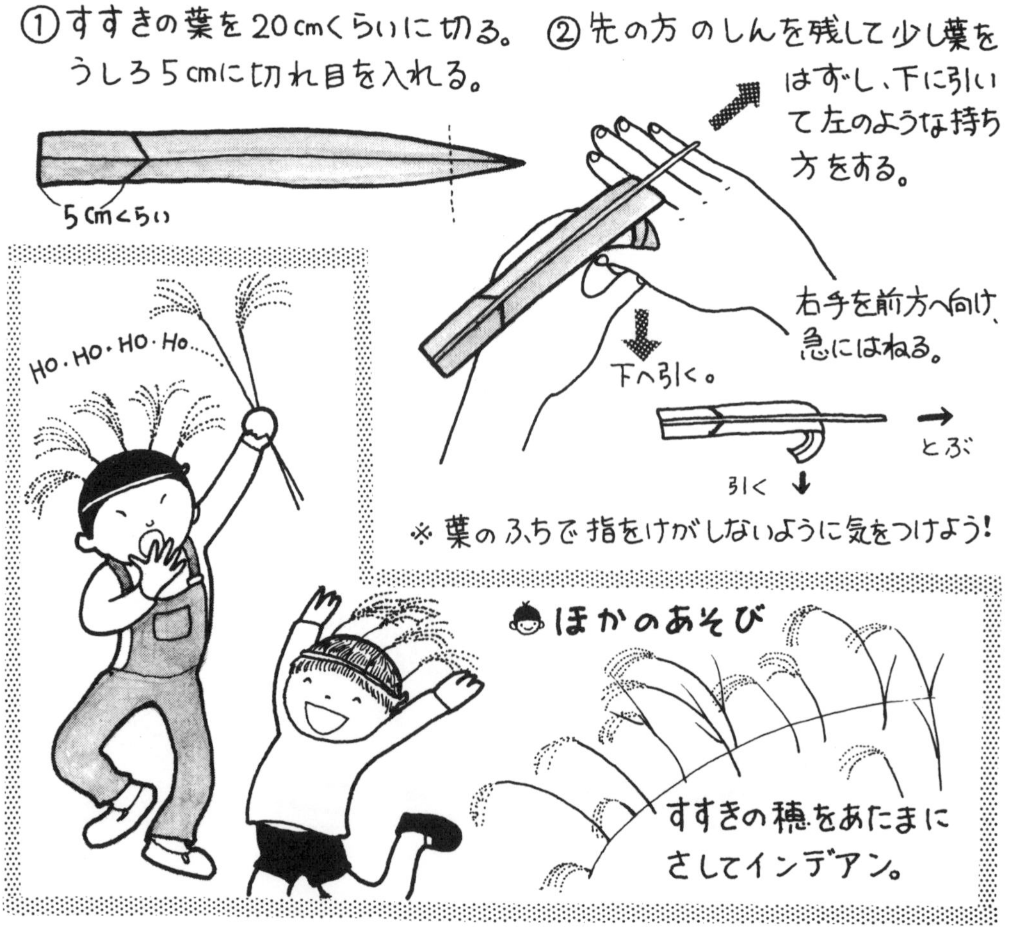
①すすきの葉を20cmくらいに切る。
うしろ5cmに切れ目を入れる。
5cmくらい
②先の方のしんを残して少し葉をはずし、下に引いて左のような持ち方をする。
右手を前方へ向け、急にはねる。
下へ引く。
とぶ
引く
※葉のふちで指をけがしないように気をつけよう！
HO・HO・HO・Ho……
ほかのあそび
すすきの穂をあたまにさしてインデアン。

ちからしばの競馬

秋の野に黒っぽい穂をゆらゆらさせているちからしば。引きぬこうとしてもなかなかぬけません。うんと力を入れなければとれないのでこの名前がついたのです。もじゃもじゃの毛虫のような穂で，競馬ごっこができます。

穂を机やたたみの上において，まわりをドンドンたたくだけでも動きますが，茎でムチを作り，たたいてやると前進します。

たたきかたがまずいと別の方向にいってしまいます。気をつけて！

作り方

① 穂をちぎって馬にする。

② 別の穂の先までしごいてムチにする。

ちからしばのくり

穂をしごいて先を少しのこし、くきをとれば くりのいが。

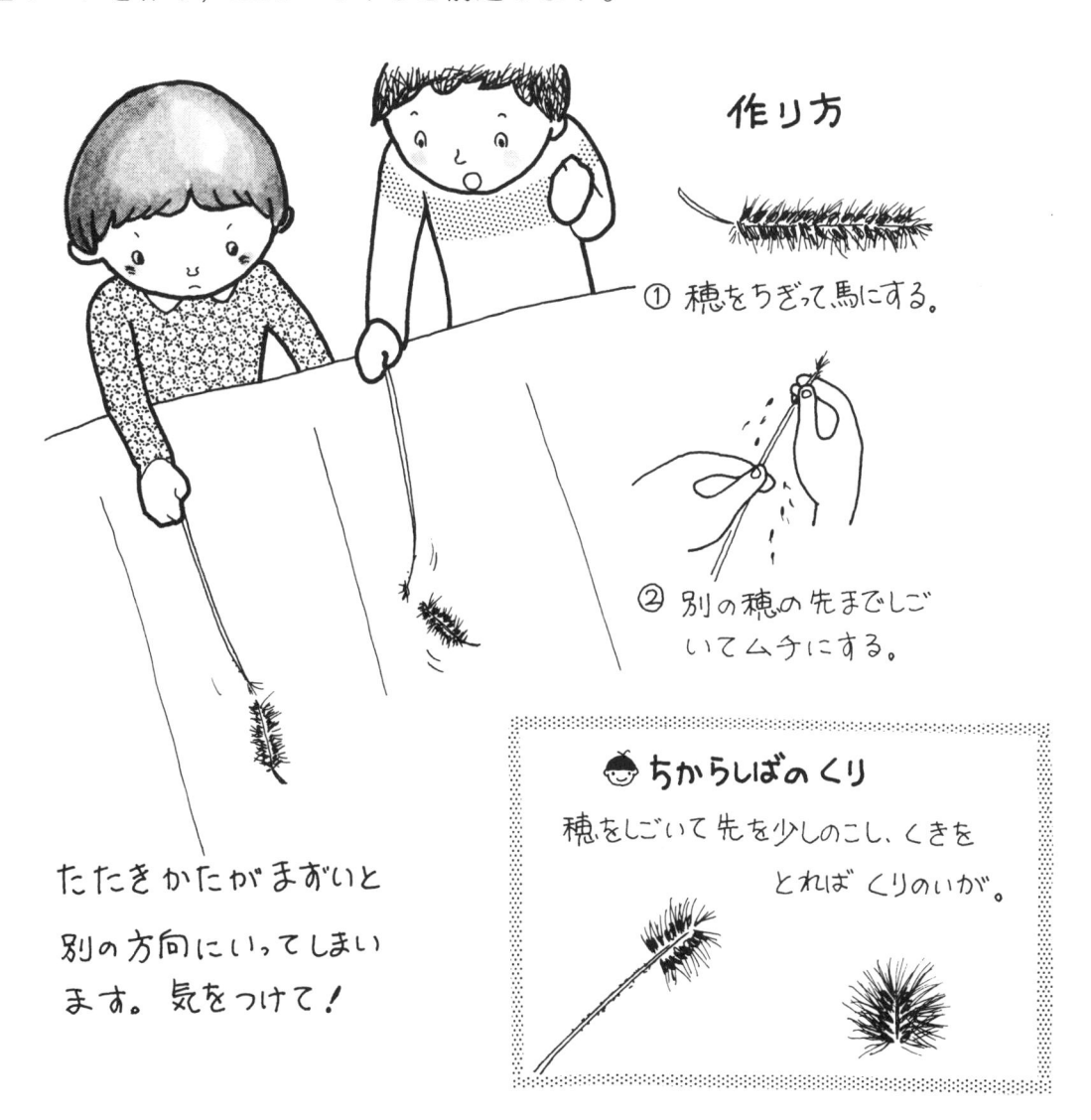

かちまけあそび

朝鮮の草くらべ

朝鮮でも草花のあそびは広くおこなわれています。草や花，枝などを材料にすることは日本と同じですが，どちらかというと，日本の草花あそびには手先を使うあそびが多いのにくらべ，草花そのままを使ってのあそび，いわばゲーム的なものが多く見られます。

草くらべもそのひとつです。二組に分かれてたくさんの草花を集め，それをくらべるのです。イチ・ニ・サンのかけ声とともに出しあって，同じものを出したら捨て，相手にないものを多く持っている組が勝ち。

あるいは草の名前をあてるあそびもあります。草花の名前を知ることで生活に直接結びついた知識を子どもどうしで伝えあい，学びあうのです。

虫とりあそび

くずの虫かご

ハイキングの道すがら，さんざん追いまわした末，大きなバッタをつかまえたはいいけれど，虫かごはないし，逃がすには惜しいし……などと困ったことがありませんか？　だいじょうぶ，草のつるや茎を集めれば，即席の虫かごがりっぱにできあがります。あみ方も簡単。山に多いくずの葉柄が手ごろですが，同じあみ方でだいずの葉柄やちからしばの茎など適当なものでつくってみてください。

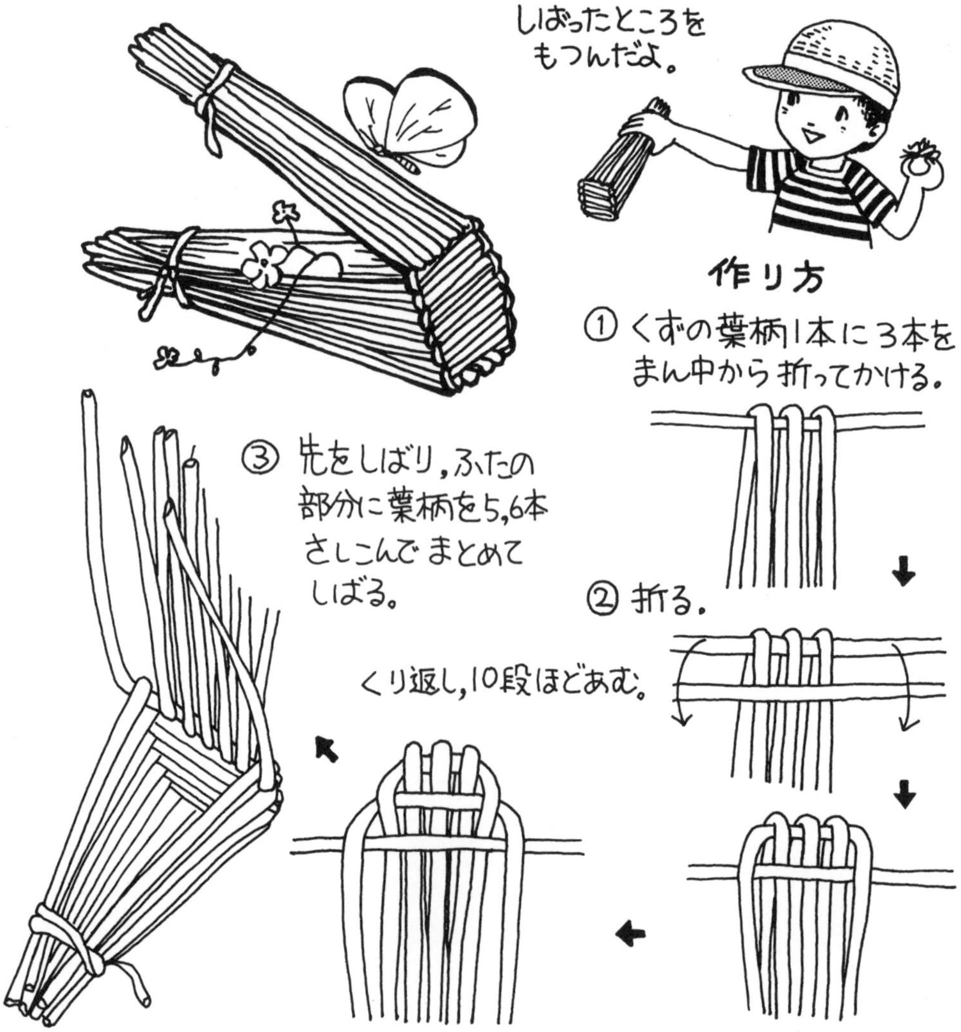
しばったところをもつんだよ。
作り方
① くずの葉柄1本に3本をまん中から折ってかける。
② 折る。
くり返し，10段ほどあむ。
③ 先をしばり，ふたの部分に葉柄を5,6本さしこんでまとめてしばる。

そてつの虫かご

そてつは庭木として栽培されますが，暖かい地方に自生します。大きな葉，うろこでおおわれたような太い幹，いかにも南国的な植物ですね。

そてつの実は，細工しておみやげ品などによく使われますし，葉は子どもたちのおもちゃになるばかりでなく，実用に使われることもあるようです。

沖縄では，長い葉を利用して虫かごをあみます。緑のあみ目がそろった美しい虫かごは，とんぼのような大きな虫でも入れられるのです。

つくり方

① そてつの葉のまん中を30cmくらい切る。

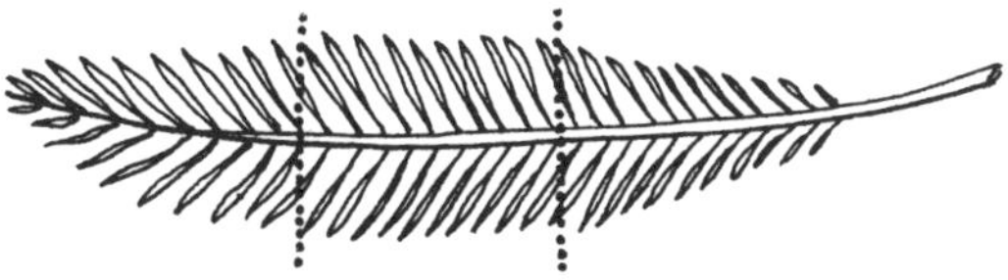

② $\frac{1}{3}$くらいを虫かごの柄にするため葉をむしる。

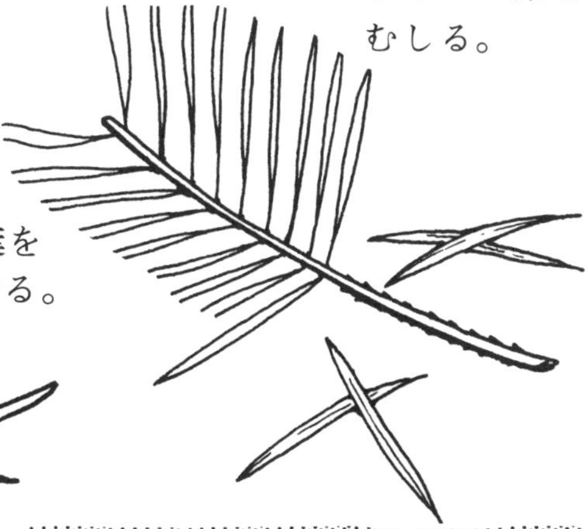

③ 下の葉2枚を下に折り，あとの葉を順に折る。

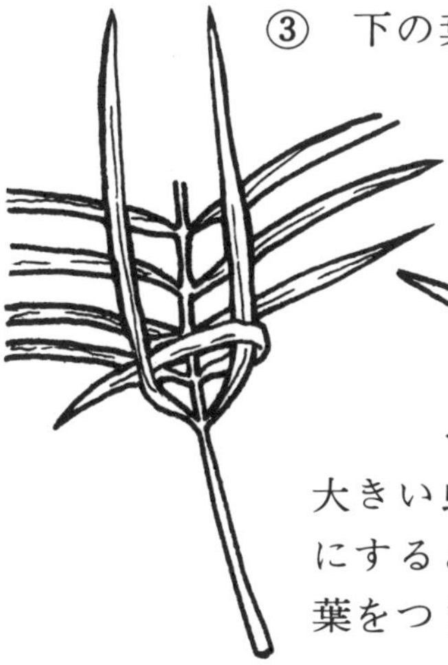

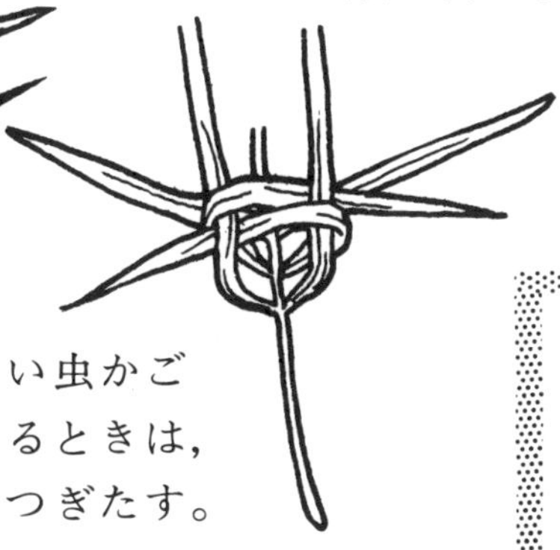

大きい虫かごにするときは，葉をつぎたす。

④ まわりを切りそろえる。

そてつの実のマスコット

皮をはいでえのぐで顔を描き、
穴をあけてひもをとおす。
先を少し切って中身を出し、
かわかして笛にも。

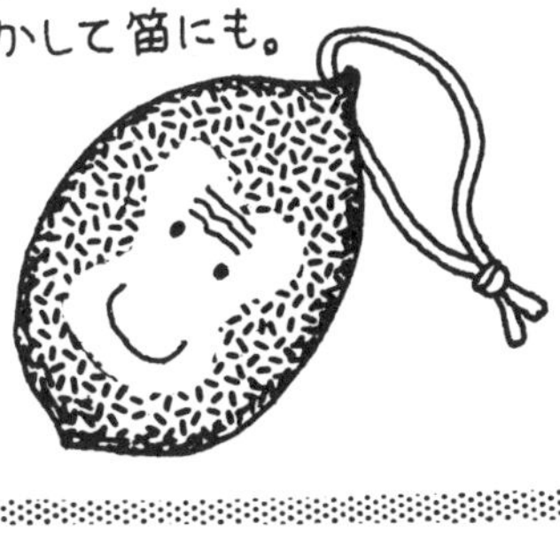

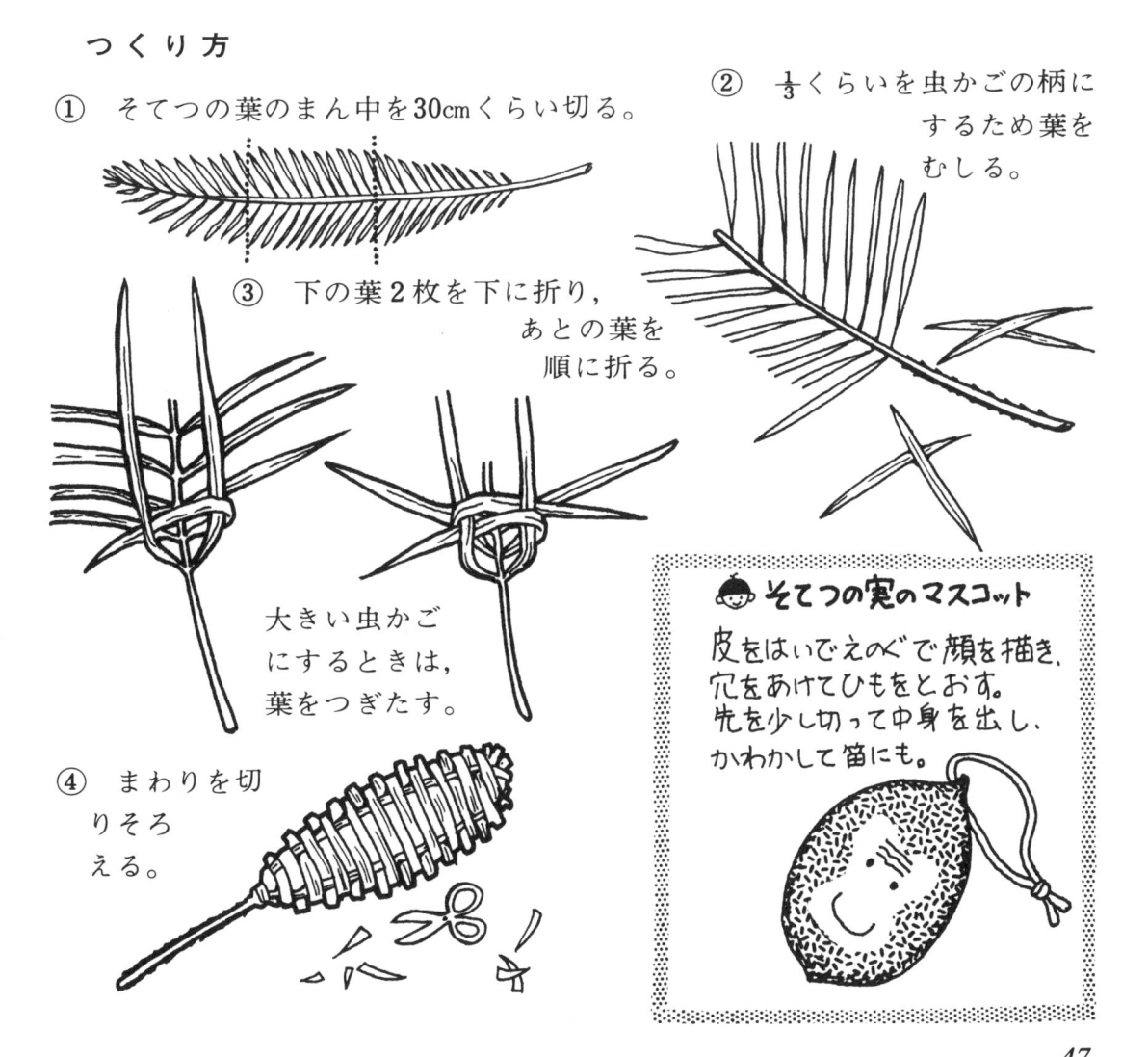

やさいの虫かご

自然の材料でつくる虫かごは，金あみやプラスチックのものほど長もちしませんが，野趣豊かで手軽にできます。昔は自分でつくらなければ，手に入らなかったのですから，材料を生かしてくふうをこらしたものです。

野菜の虫かごもそのひとつ。うらなりのうりやかぼちゃの中身をくりぬいて竹ひごをさしましょう。ほどよい水気が，昆虫には居心地よさそうです。

かぼちゃとうりは，端を切り落として中身をくりぬき，竹ひごをさす。

むぎわらの虫かご

麦わらはいろいろな利用法がありますが，残念ながら今ではあまり手にはいらなくなってしまいました。この虫かごも，豊富にあった麦わらを集めて子どもたちがつくり出した，素朴な味わいのあるものです。バッタやチョウを入れるだけでなく，口まで閉じてしまわずに手さげのようにすると，枯れた麦わらの色にはかれんな野の花がよく似合う花かごになります。

麦わらが手に入らなければ，飲み物用のストローを材料にしてみてはいかがでしょう。意外にしゃれたものができそうです。

つくり方

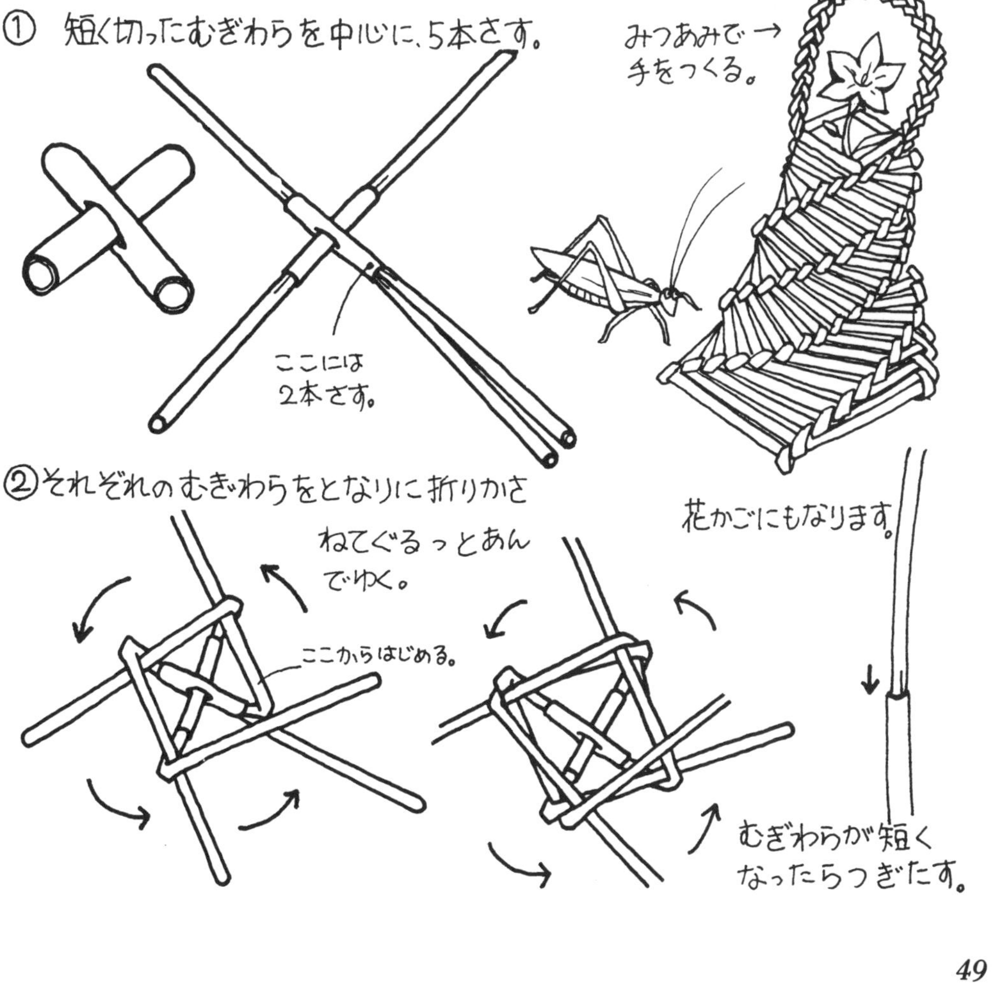
① 短く切ったむぎわらを中心に、5本さす。
ここには
2本さす。
みつあみで →
手をつくる。
②それぞれのむぎわらをとなりに折りかさ
ねてぐるっとあん
でゆく。
ここからはじめる。
花かごにもなります。
むぎわらが短く
なったらつぎたす。

木の葉の虫かご

これは小さな小さな虫かご。まつばと木の葉を組み合わせた，すぐにもこわれそうなやさしいかごです。カブトムシやコガネムシのように力の強いものは入れられませんが，チョウくらいならだいじょうぶ。花などさして部屋に飾るのもちょっと趣きがあっていいものですね。

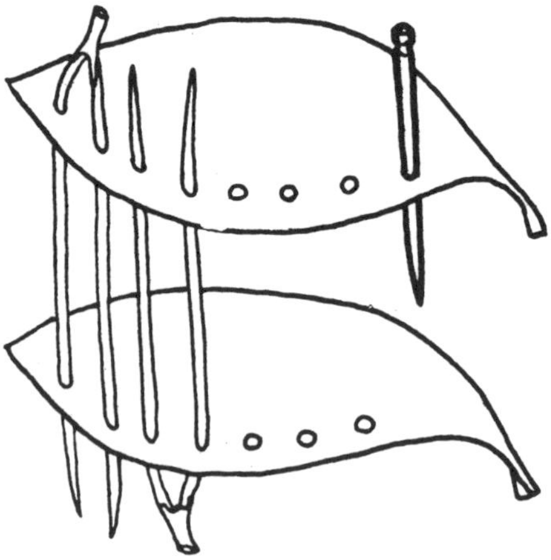

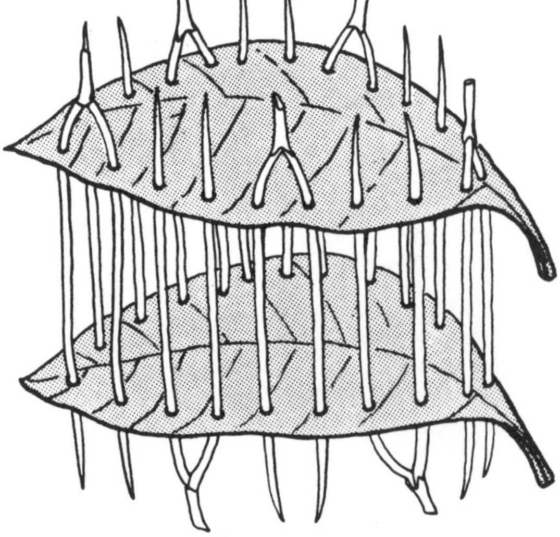

ままごとあそび

花のまきずし

「こんにちは，いいお天気ですね。」「あたたかくなりましたね。」

日だまりの中ではじまるままごとあそびには，草花でつくったごちそうがつきものです。たんぽぽやあざみ，つばきなどの花を草で巻き，小枝で止めたまきずしは，目にあざやか。外側の葉は，しょうぶやかんぞうなど長い葉を使います。かわいらしく，なんともほほえましいごちそうですね。

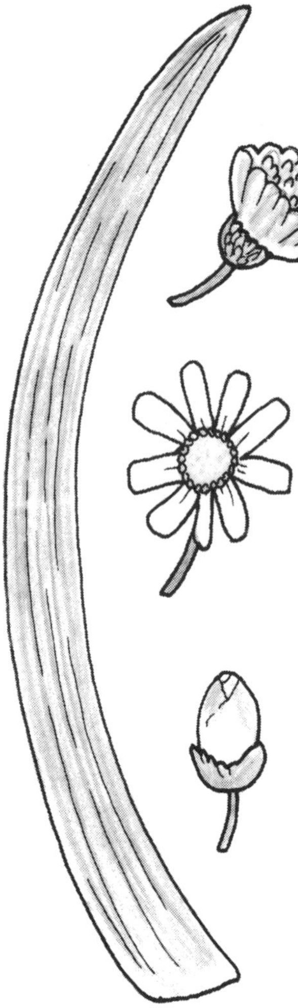

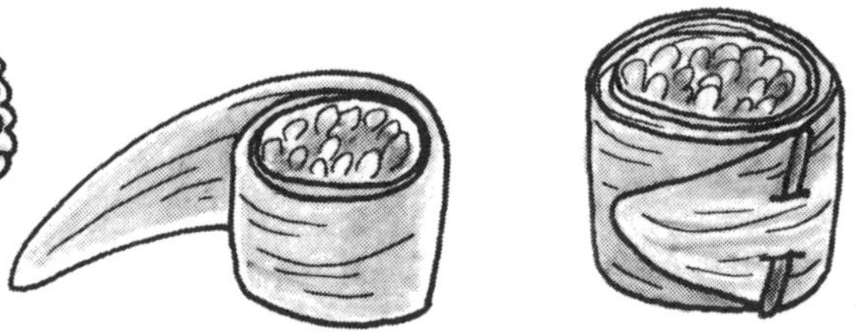

長い葉で花を巻き，小枝でとめる。

ささあめ

ささぶねをつくったり，七夕かざりにしたり，お弁当の仕切りに使ったり，ささの葉は古くから親しまれ，利用されています。

ささあめも〝みずあめ〟などとよばれ，各地方でつくられています。

小さなうめぼしを入れてしゃぶってもなかなか味わいがあります。

つくり方

① ささの葉の茎を長く残してとり，下の順で折る。

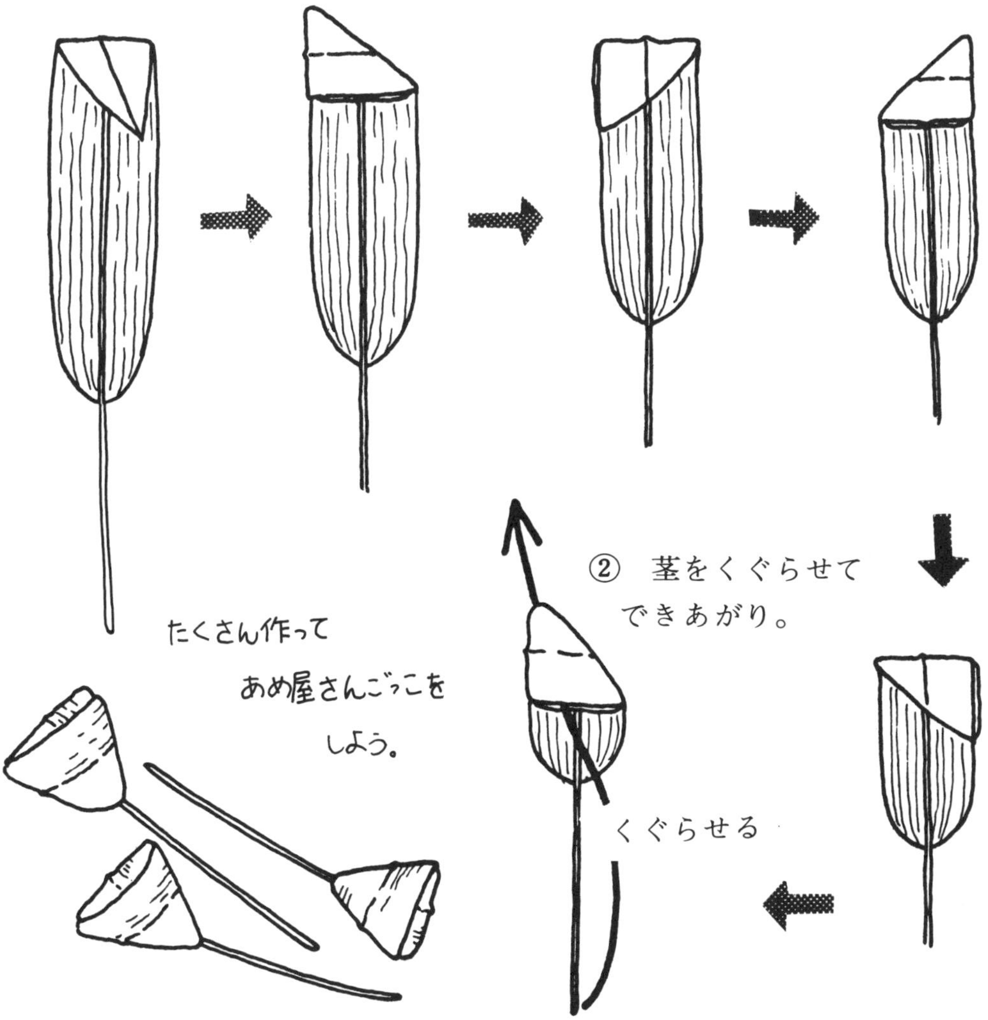

② 茎をくぐらせて
できあがり。
くぐらせる
たくさん作って
あめ屋さんごっこを
しよう。

竹の皮のうめぼし

やわらかいたけのこを包んで保護している竹の皮も今では手にはいりにくくなりました。店先で見かけるたけのこは皮をむかれて白い身が寒そうです。

昔からおむすびを包んでお弁当にしたり，魚屋さんやおそうざい屋さんで品物を包むのに使ったり，ほどよい防水と通気性のため重宝されたものです。

この皮にうめぼしを折り込んで吸うと，三角のすみから少しずつすっぱい汁がにじんできます。ガムやスナック菓子のおやつとちがって，むし歯の心配もありませんから安心ですね。

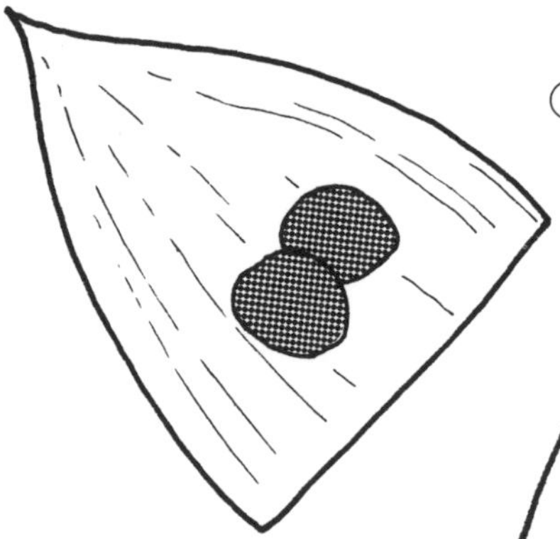

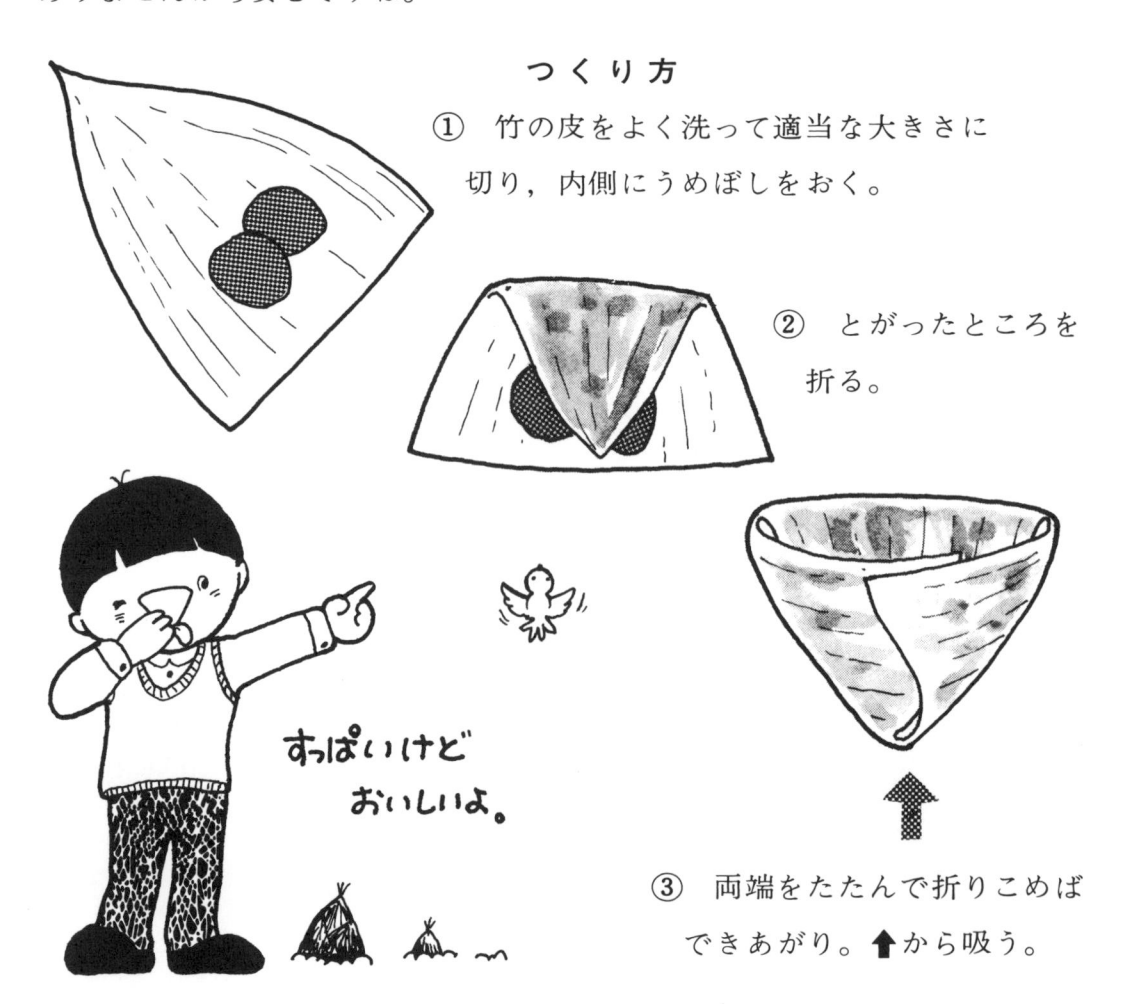

つくり方

① 竹の皮をよく洗って適当な大きさに切り，内側にうめぼしをおく。

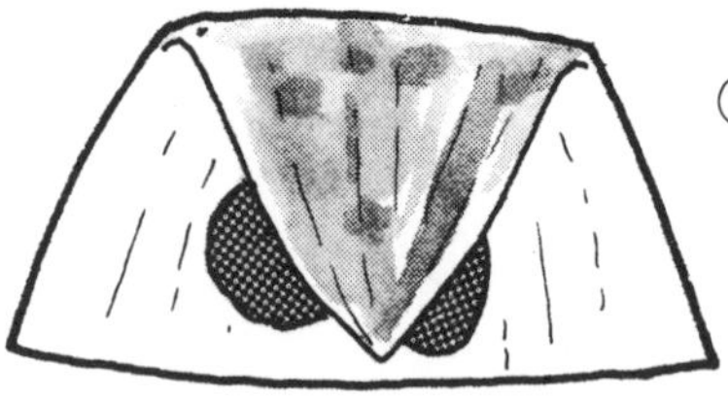

② とがったところを折る。

すっぱいけど
おいしいよ。

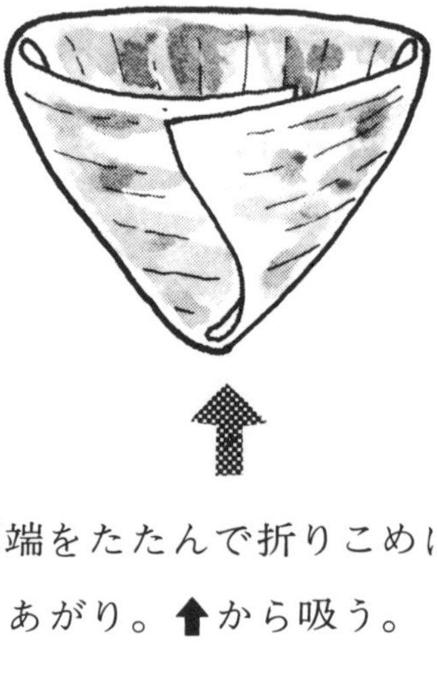

③ 両端をたたんで折りこめばできあがり。⬆から吸う。

おおばこのざぶとん

おおばこは道ばたなど人が踏み歩くような固い土にたくさんあります。草花あそびの手ごろな材料ですね。ままごとあそびにも，ちょっぴり気どってざぶとん（近ごろでは，クッションといった方がいいようですが）などあんでみませんか。6，7本花が咲いている株で，ぐるりと2周あめばできあがり。かわいいざぶとんに，人形のお客さまでもお迎えしたくなります。

それぞれの茎をとなりの茎にぐるっとかけて2周あむ。

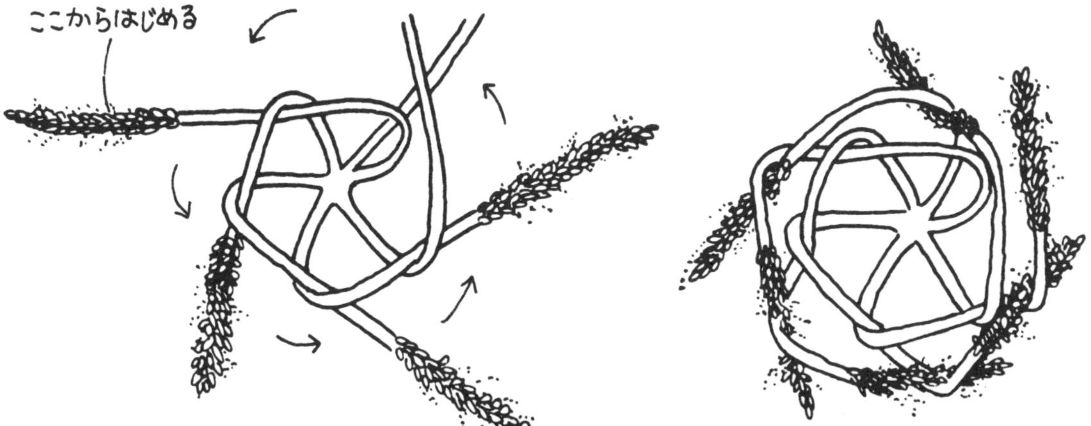

できあがり

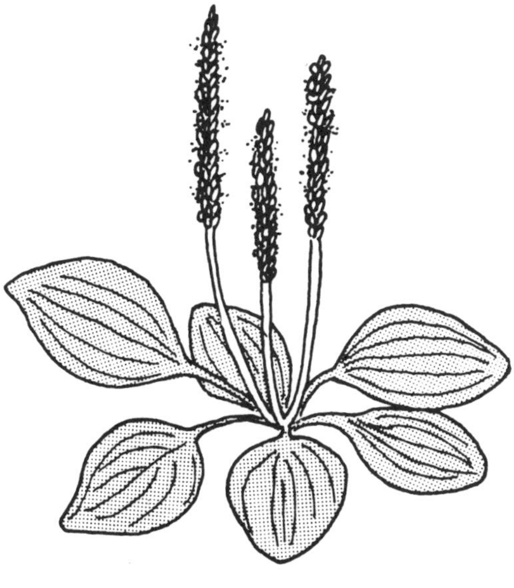

ほかのあそび

葉の根もとの方に折り目をつけてそっと引っぱると、筋《すじ》が残る。引っぱるとひょこひょこダンスする。

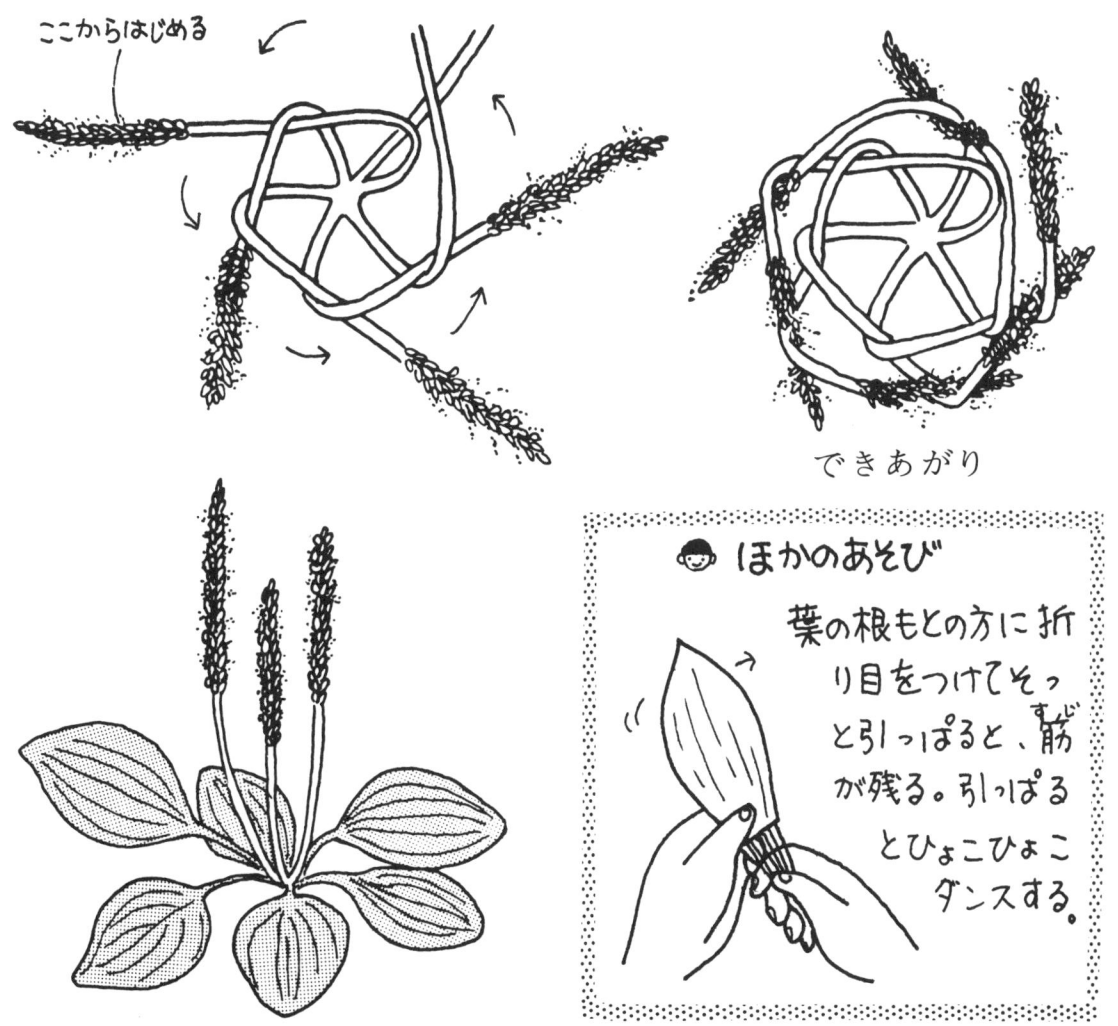

つばきのはかり

小さなやおやさんが，てんびんではかっています。

「ハイ，りんごふたつですね。まいどありがとうございまーす！」

つばきの葉のはかりにのせたりんごは赤い木の実です。お金はつばきの葉を裏返して小枝を鉛筆がわりに数字をかいて ──。

手のひらにのってしまうくらいのはかりは，花や木の実しかのせられませんが，なんでもない草花を果物や野菜に見たてれば楽しいものです。

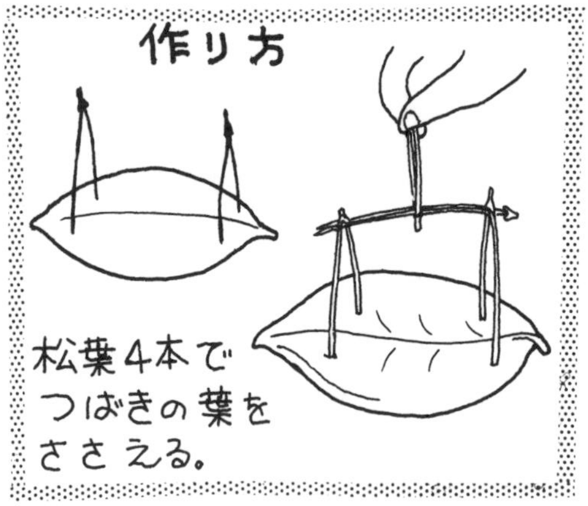
作り方
松葉4本で
つばきの葉を
ささえる。

やすいよ！
パイナップル
かっちゃった！

かきの葉の人形

ままごとには小さな木の葉のお皿やコップを使います。ごちそうは花や木の実。となると，小さなお客さまを招待したくなりますね。ドングリとかきの葉で人形をつくりましょう。紅葉した葉は赤・黄・茶・黒と少しずつ混ざって一枚一枚の色がちがいます。これを着物に見たてて着せてあげましょう。

つくり方

① 頭にするどんぐりに，きりで穴をあけ，竹ひごか小枝をさしておく。

② かきの葉を2つに折って着せる。3枚，4枚と重ねる。

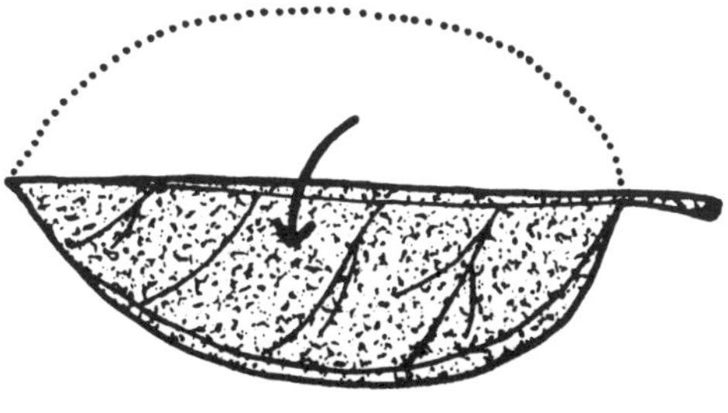

春になったら……

ぎしぎしのような，大きな葉を着物にして花の茎に着せよう。

緑の着物に花の色がきれい。

③ 最後の葉を，小枝でさして止める。

ポプラのかばん

都会の子どもたちにとって草や花はあそびにするほど身近なものでなくなってきたようです。公園に行っても芝生は立入禁止，〝花を折ってはいけません〟の花だん。草ぼうぼうの空地も少なくなりました。道ばたにいくらでもはえていた雑草も，アスファルトに固められてなかなか芽を出すすきがありません。

そうした町でも，よく気をつければあそびの材料はみつかるものです。街路樹のポプラ。日本名では〝すずかけ〟といいますが，学校にもたいてい植えられていますね。

ポプラの大きな葉っぱでかばんをつくってみませんか。おすましおじょうさんのお出かけです。

つくり方

① ポプラの葉を下のように折る。

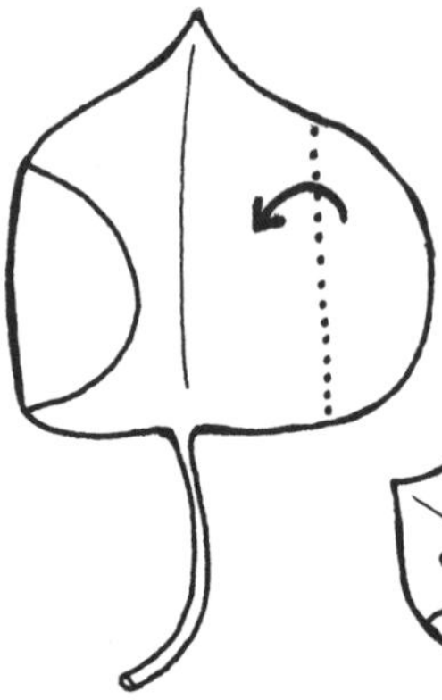

② 穴をあける。

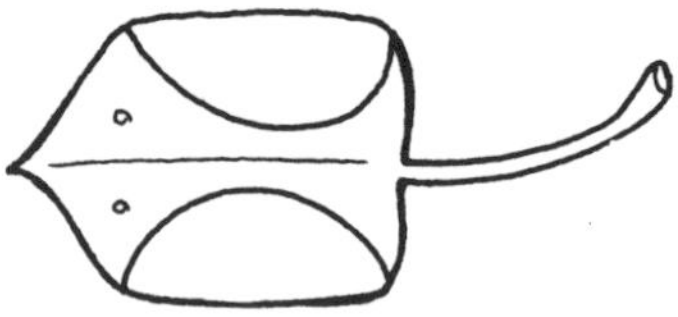

③ 2つ折りにする。

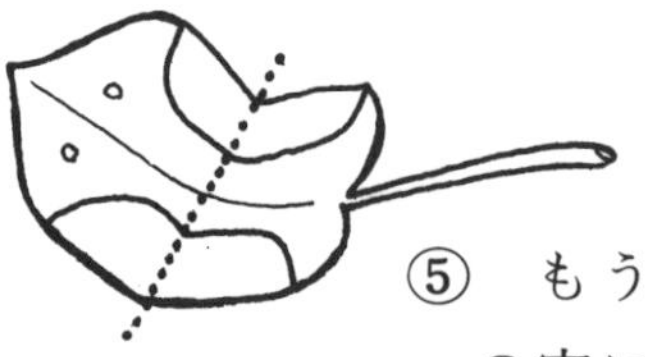

④ 柄を通す。

⑤ もうひとつの穴に通す。

できあがり

♪すてきなバッグで
いってまいりまーす！

ささのコップ

山歩きに疲れてちょっとひと休み。冷たくて澄んだ渓流の水で顔を洗い，水を飲む。そんな時役にたつのがささの葉っぱ。くちびるをいためないよう，ふちを折り返し，くるっと巻いて底の部分を上に折り込めばコップに早がわり。

ささのコップで飲む水の味はいちだんとおいしいのです。

子どもたちはちゃわんにして，花びらをよそったりしてあそびます。

ささのコップでごはん

つくり方

① 大きいささの葉のふちを折る。

② ぐるっと巻いて重ね，三角形にする。

③ 底を上に折る。

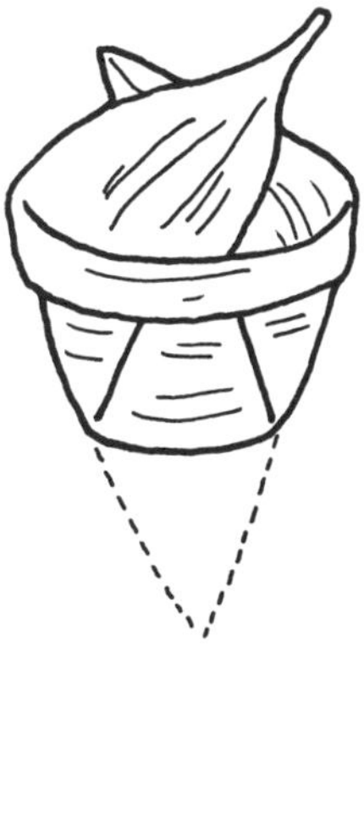

できあがり

ふきのひしゃく

春先にやおやさんで見かけるふきは，きれいにそろえてまとめられていますが，野山に自生するものも多いのです。大きな葉は，わき水をくむひしゃくやコップに適しています。山歩きの楽しみのひとつですね。

畑のふきをちょっといただいて，ままごとあそびをするのは子どもたち。ひしゃくにあきたら，目と口のところに穴をあけてお面をつくるのです。

つくり方

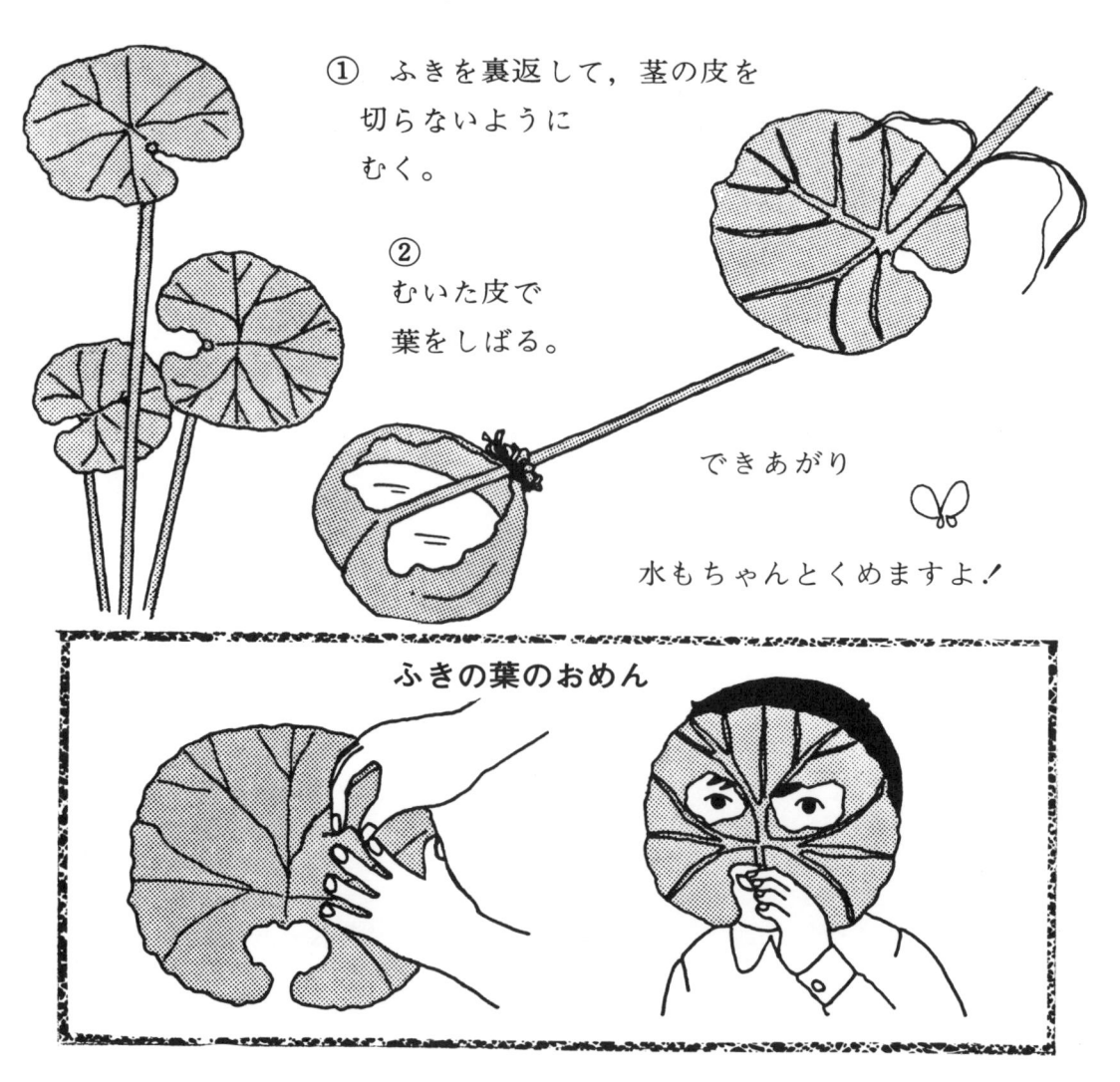

① ふきを裏返して，茎の皮を切らないようにむく。

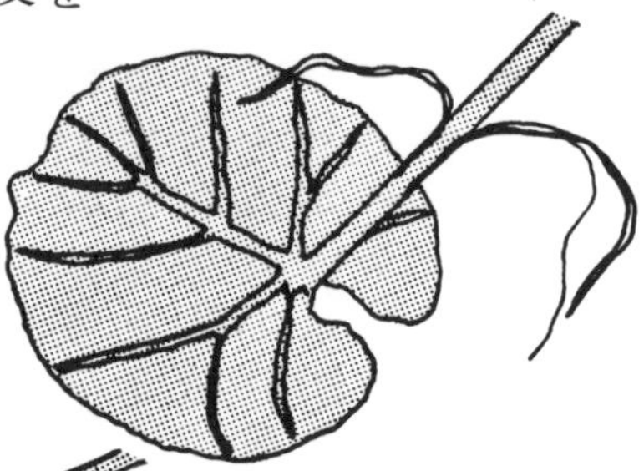

②
むいた皮で
葉をしばる。

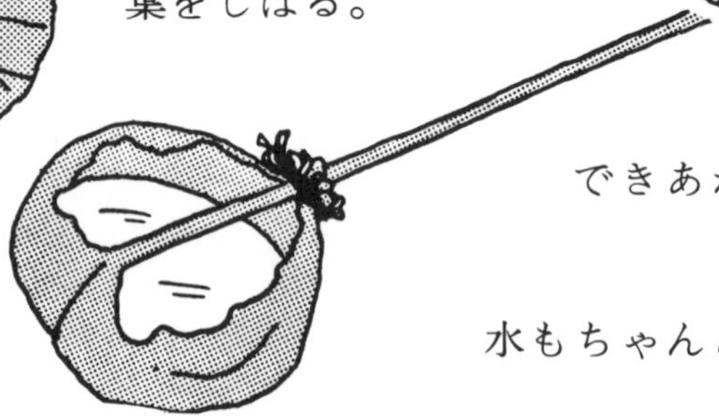

できあがり

水もちゃんとくめますよ！

ふきの葉のおめん

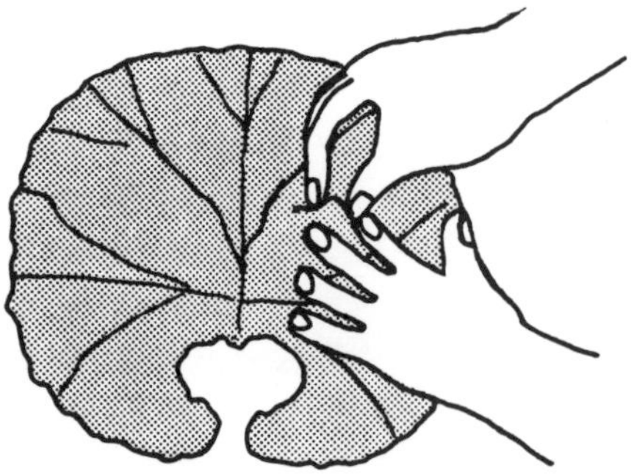

室内の工作あそび

まつぼっくり人形

力強く曲がりくねった幹，つんつんとがった針のような青葉。松は古くから愛され，描かれてきた日本人好みの美しい姿をもっています。

海岸に多いのはくろまつ。海からの風や塩を防ぐ大切な役割を果たしています。一方，山に多いのはあかまつ。ほかにもからまつ，えぞまつなどもありますが，代表的なのはこの二つです。

海辺の散歩や山歩きの道すがら，ころっと落ちているまつぼっくりをひろってなんとなくもてあそんだり，遠くへ投げてみたり……ふと手にとってみたくなるかっこうですね。

どこでひろったかもう思い出せないそんなまつぼっくりが，ひきだしのすみにひとつふたつ眠っていませんか？

まつぼっくりでおもしろい人形をつくりましょう。

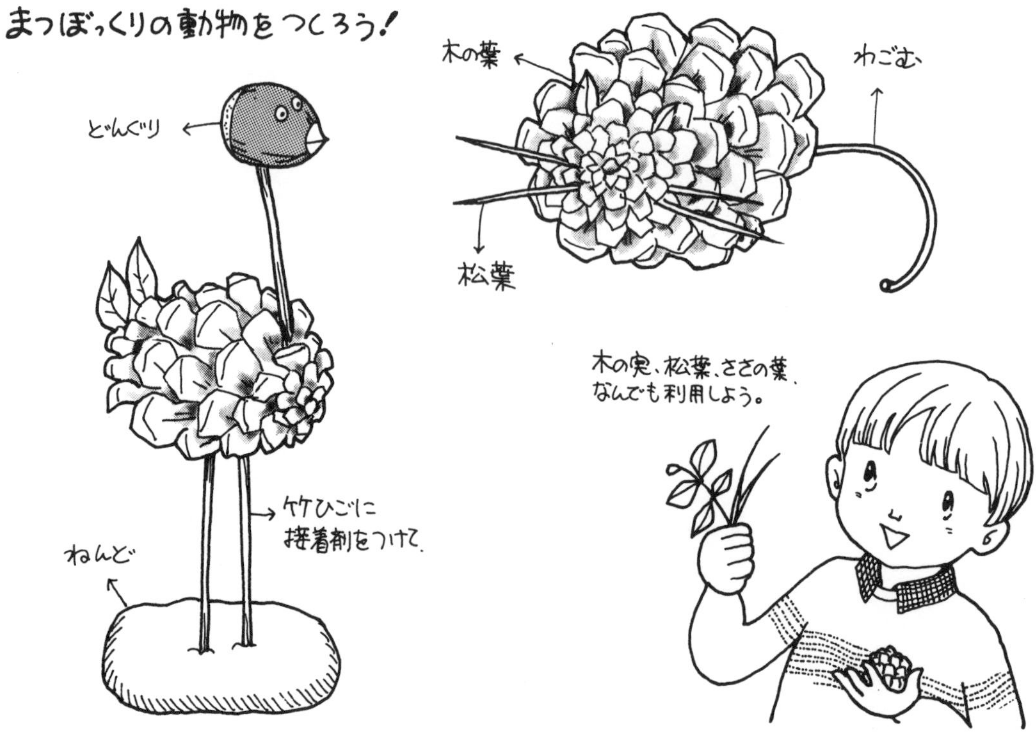
まつぼっくりの動物をつくろう!
どんぐり
竹ひごに
接着剤をつけて
ねんど
木の葉
わごむ
松葉
木の実、松葉、ささの葉、
なんでも利用しよう。

つくり方

①まつぼっくりに模型用ゴムひもをまきつけ、接着剤で固定する。

12cmくらい
35cmくらい

ゆれかたが
おもしろいよ!

②紙ねんどで顔と手足をつけ、
かわいたらフェルトペン
で顔を書く。

あさがおの色ぞめ

夏の早起きは気持のいいもの。開いたばかりのあさがおの数をかぞえて，おはよう！　紅・紫・白・ピンク・青……さわやかな色は朝のうち。このまましおれてしまうのは惜しい気がします。

紙にはさんで色ぞめをしましょう。上質の和紙を使うと味のある作品になります。ハンカチを染めてもしゃれていますね。

つくり方

①あさがおを紙にはさむ。

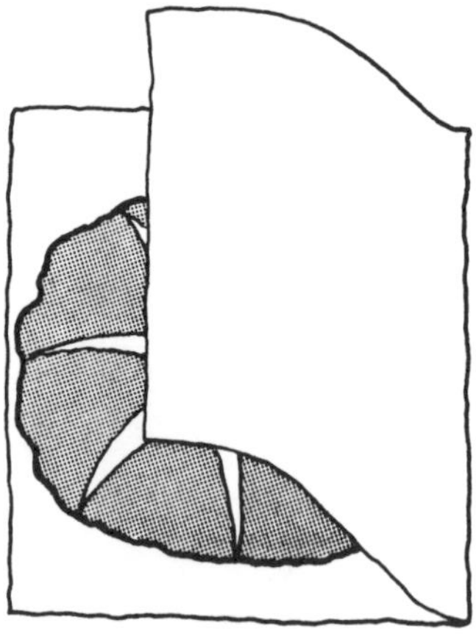

②バレンでていねいにこする。

色水ジュースを作ろう
同じ色のあさがおを
2,3こしぼって水で
うすめる。
このジュースはのめません。

③切りとってできあがり。

落ち葉の版画

植物とのふれあいには，ながめて楽しむ，育てたり世話をしたりして楽しむ，おもちゃやゲームの材料にしてあそぶなどいろいろな場合があります。

自然環境が悪化しているこのごろでは，特に身近な植物に親しみ，いつくしむ気持ちを失わないようにしたいものです。

さて，草花あそびでも少し変化をつけました。落ち葉や小枝で版画はいかがでしょう。葉脈が美しく浮きあがり，並べ方や色の組み合わせで味のある作品ができあがります。

和紙に刷ってしおりにしたり，空箱にきれいにはると，ちょっと気のきいたプレゼントになります。

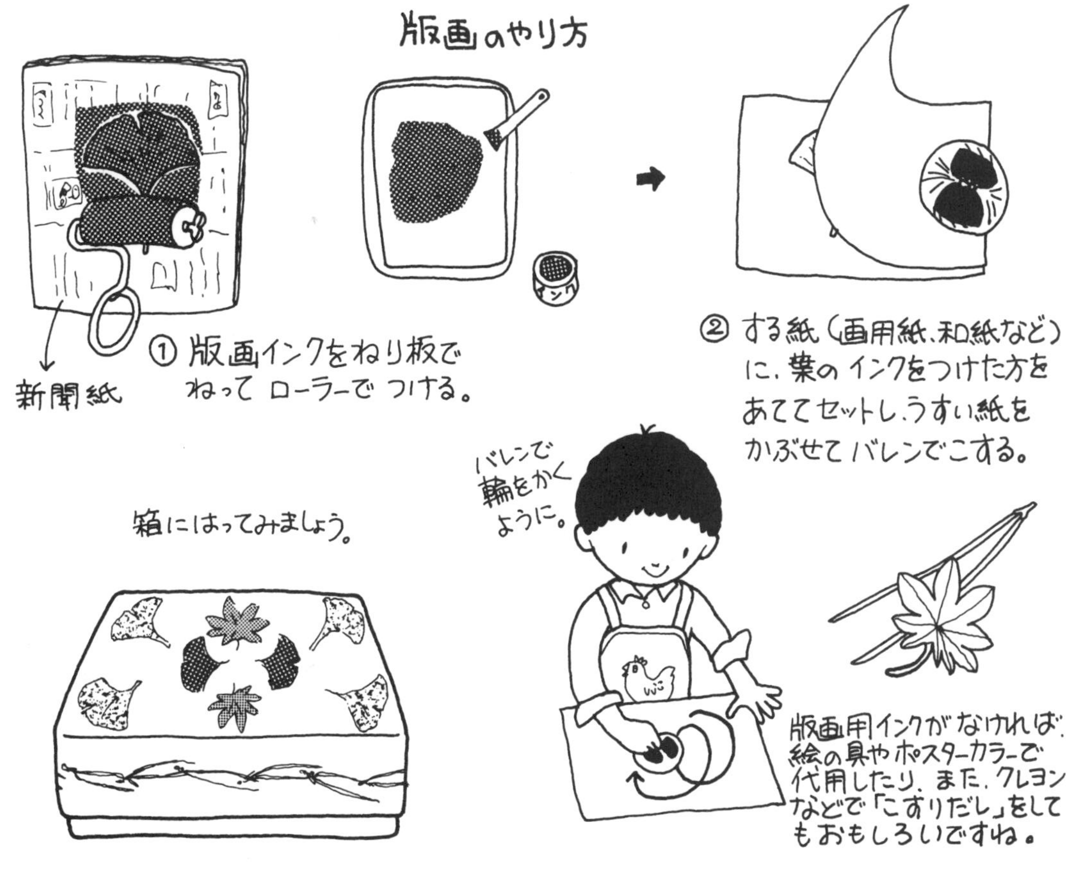
版画のやり方
新聞紙
① 版画インクをねり板でねって ローラーで つける。
② する紙（画用紙、和紙など）に，葉の インクをつけた方をあててセットし，うすい紙をかぶせて バレンでこする。
バレンで輪をかくように。
箱にはってみましょう。
版画用インクがなければ，絵の具やポスターカラーで代用したり，また，クレヨンなどで「こすりだし」をしてもおもしろいですね。

ピーナッツ人形

らっかせい，なんきんまめ，ピーナッツ，とうじんまめ，ほかにもいろいろな呼び方がありますね。

ピーナッツの生まれ故郷はブラジルです。のちにアメリカやヨーロッパ，中国で栽培され，日本では明治のはじめころから作られました。歴史はそれほど古くありませんが，わたくしたちにはすっかりおなじみです。

パキンパキンと割って食べはじめると，ついつい止まらなくなって，からが山のようにたまってしまいます。

さて，このひょうたん形のからは，捨ててしまうには少し惜しい気がしませんか？　ちょっと待って，食べる前にからに紙をはったり，フェルトペンで顔をかいてみましょう。おこった顔，笑った顔，泣いた顔。ピーナッツ人形です。半分に割ったからで指人形もできます。

植物で何かをつくる，というだけでなく，材料をヒントに，いろいろなあそびを考え出すのも楽しいものです。

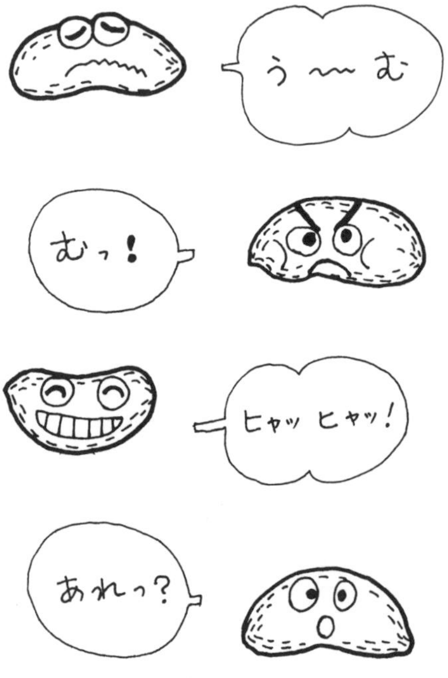

ピーナッツの顔あそび

箱の中にいっぱい入れて，出て来たピーナッツと同じ顔をしてみよう。

ゆび人形

たてに割っても
横に割っても
おもしろい。

ピーナッツのイヤリング

からの先にちょっと割れ目を
つけてはさむ。

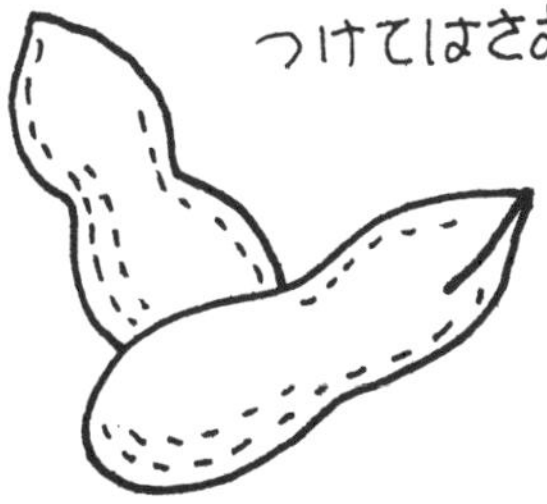

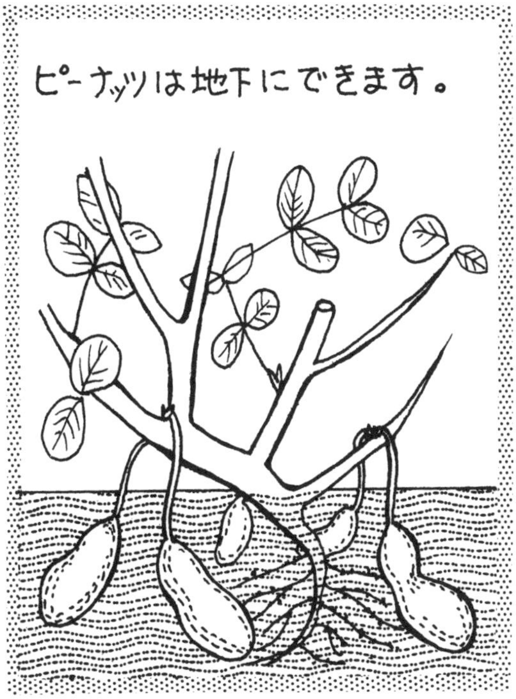
ピーナッツは地下にできます。

いっぱいつけたよ!

くるみのマスコット

くるみのふるさとはペルシャだと言われています。ナッツとして食べるだけでなく，料理や菓子にも使いますね。ヨーロッパでは万聖節にくるみの実を火の中に投げこんで恋うらないをする風習もあるそうです。

でこぼこした固い実はバッグなどにつけるマスコットにはじょうぶで安心。なんだかふしぎな力をもっていそうなくるみの実，おまもりにするとききめがありそうな気がしませんか？

つくり方

①合わせ目のところをかなづちで軽くたたいてからをわる。
③だいずを入れて接着剤をからにつけてとじる。
カラコロ音がするよ。
②それぞれにきりで穴をあけ、ひもをとおしてむすぶ。

すすきのみみずく

すすき──秋の七草──お月見………秋のイメージにぴったりです。民芸品の売り場や縁日に売っているみみずく，あれもすすきの穂をたばねてつくったものです。思ったよりも簡単にできますから，ひとつ自分でつくってみませんか。多少形がいびつになっても，なかなか愛きょうがあります。

すすきの穂はまだ開いていないものを15本ほど集めましょう。

つくり方

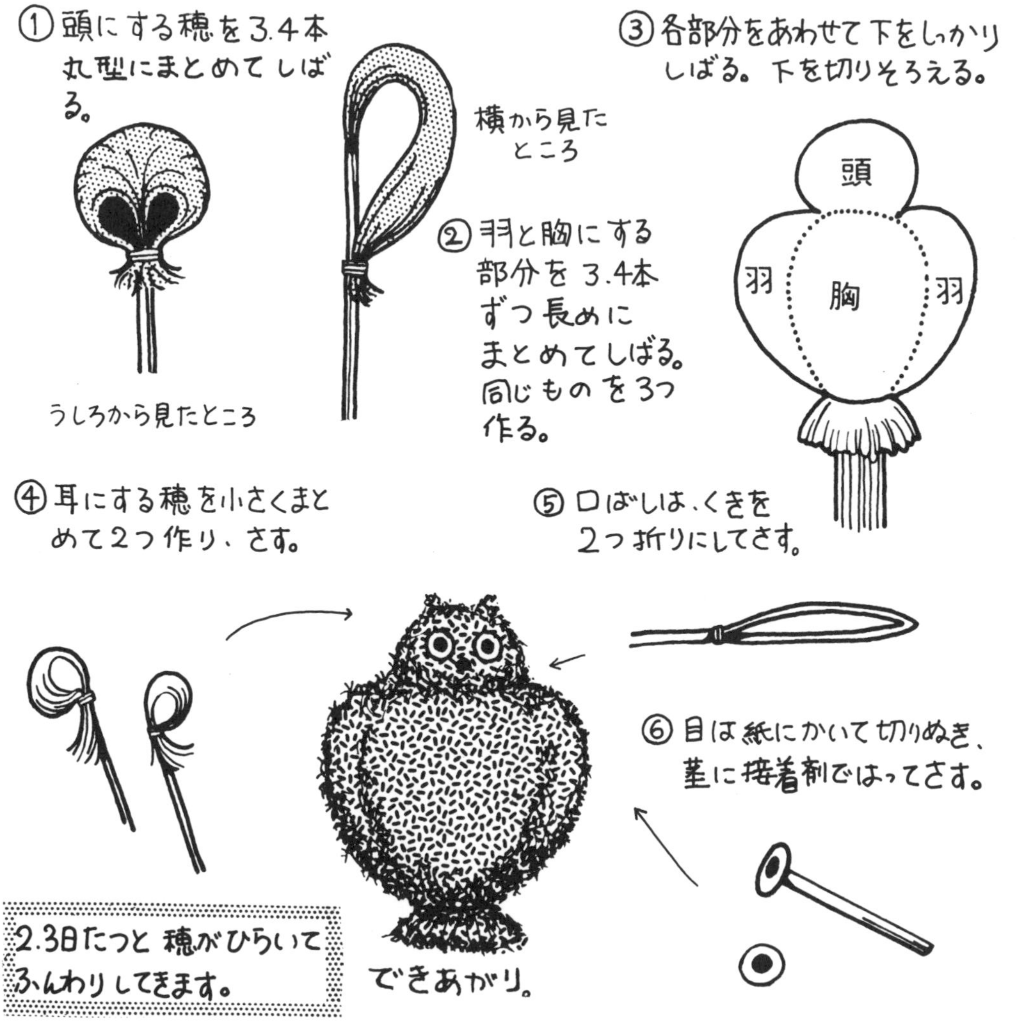
①頭にする穂を3.4本丸型にまとめてしばる。
横から見たところ
うしろから見たところ
②羽と胸にする部分を3.4本ずつ長めにまとめてしばる。同じものを3つ作る。
③各部分をあわせて下をしっかりしばる。下を切りそろえる。
頭
羽
胸
羽
④耳にする穂を小さくまとめて2つ作り、さす。
⑤口ばしは、くきを2つ折りにしてさす。
⑥目は紙にかいて切りぬき、茎に接着剤ではってさす。
2.3日たつと穂がひらいてふんわりしてきます。
できあがり。

とうもろこし人形

とうもろこしの皮でつくる人形は外国にもたくさんあります。実を包んでいる，すじの入った皮が，まとめようによっていろいろなかっこうの人形の姿になるのです。日本ではもちろん姉さま人形。たてのひだがちょうど日本髪をゆったようです。青い皮でつくるとさわやかです。

つくり方

① とうもろこしの皮を糸を中にはさんではしにまいてまるめる。

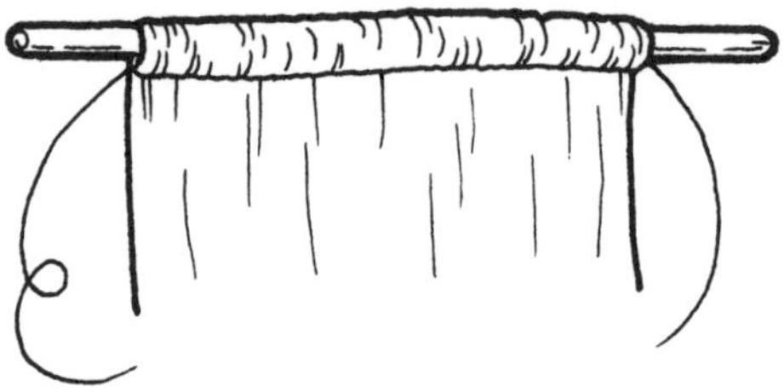

② はずして糸をむすぶ。

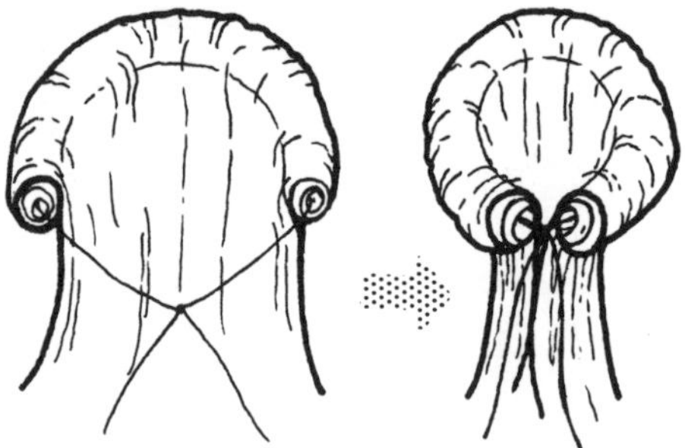

③ 小さい前がみをつくって②でむすんだところにむすぶ。

④ まげを作り、しばった糸はそのままにして、かざりの千代紙をむすんで③におく。

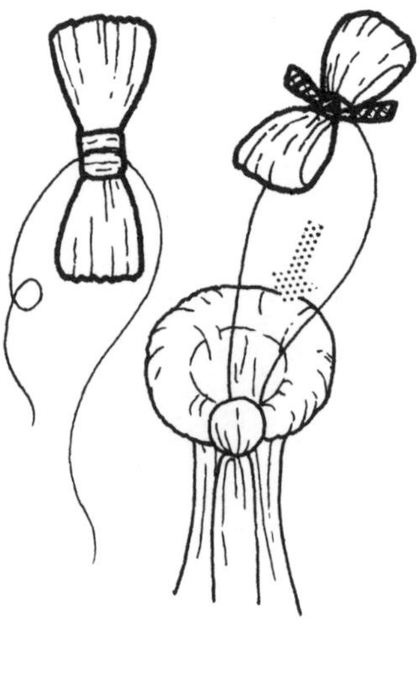

⑤ 首のところを糸でしばる。

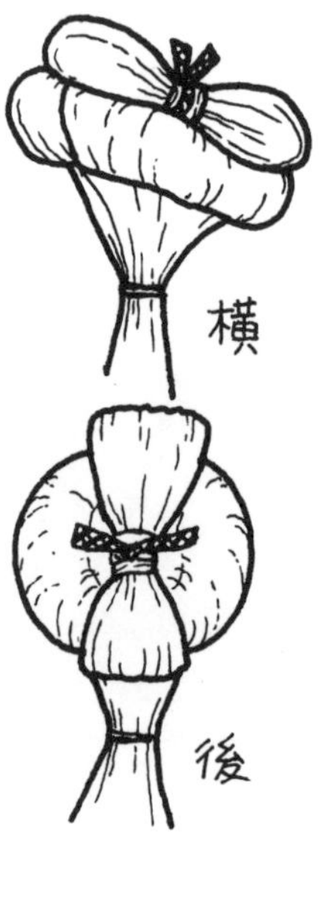

アクセサリーあそび

たんぽぽのうでわ

小さいころから女の子はおしゃれさん。おかあさんの目をぬすんで鏡に向かってこっそり口紅をつけてはしかられた，なんて人も多いようです。

春になれば，外には飾りになる草花があふれ，子どもたちの手につみとられます。中でもたんぽぽは黄色い花が愛らしく，きれいなアクセサリーになるのです。

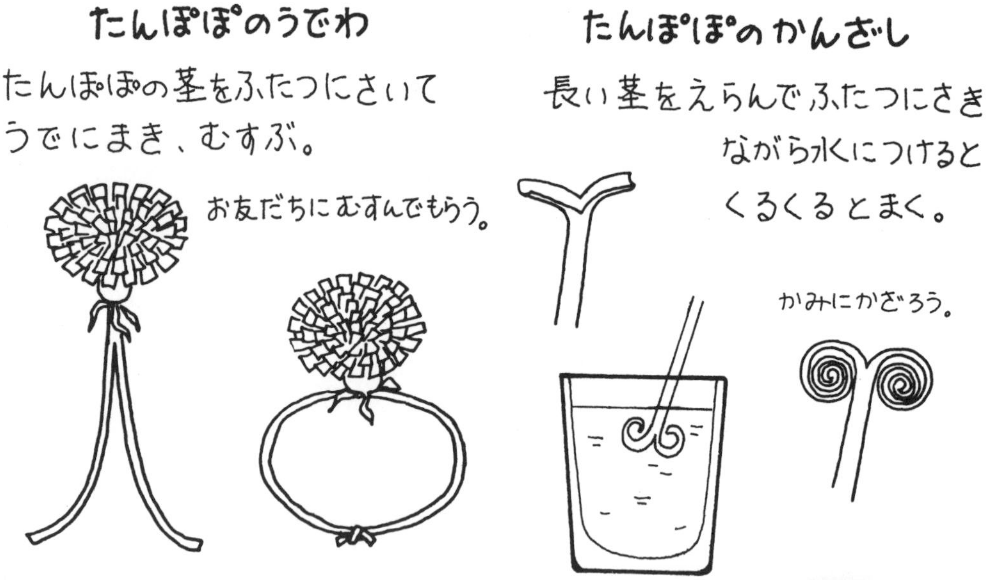
たんぽぽのうでわ
たんぽぽの茎をふたつにさいて
うでにまき、むすぶ。
お友だちにむすんでもらう。
たんぽぽのかんざし
長い茎をえらんでふたつにさき
ながら水につけると
くるくるとまく。
かみにかざろう。

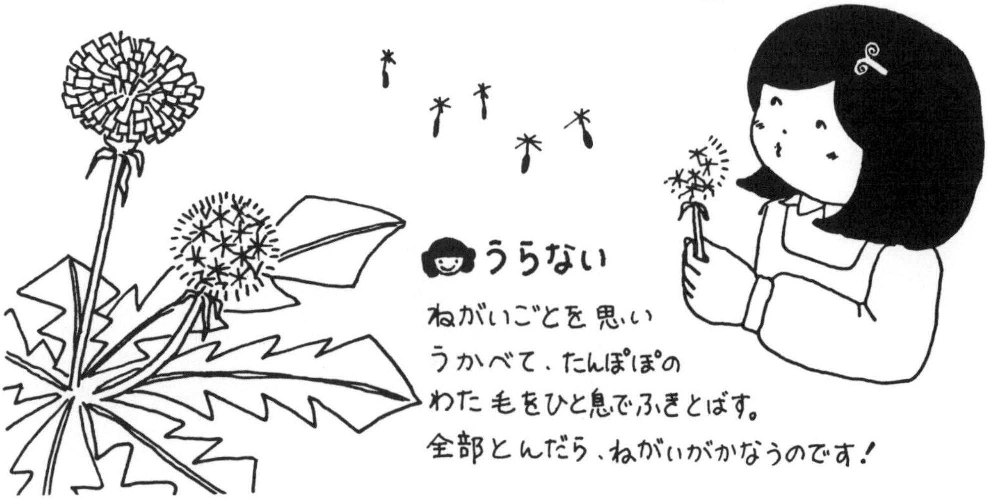
うらない
ねがいごとを思い
うかべて、たんぽぽの
わた毛をひと息でふきとばす。
全部とんだら、ねがいがかなうのです！

つわぶきの首かざり

首かざりにするのは花だけではありません。茎でも細工によってはきれいなかざりになります。

つわぶきの首かざりは，茎を根もとの方から皮だけ残して右と左に分けてつくります。切った茎がちょうどビーズのようにつながり，大きな葉を形よくちぎれば緑の首かざりのできあがり。うまく考えたものですね。

男の子はこれを耳にあてて聴診器にします。

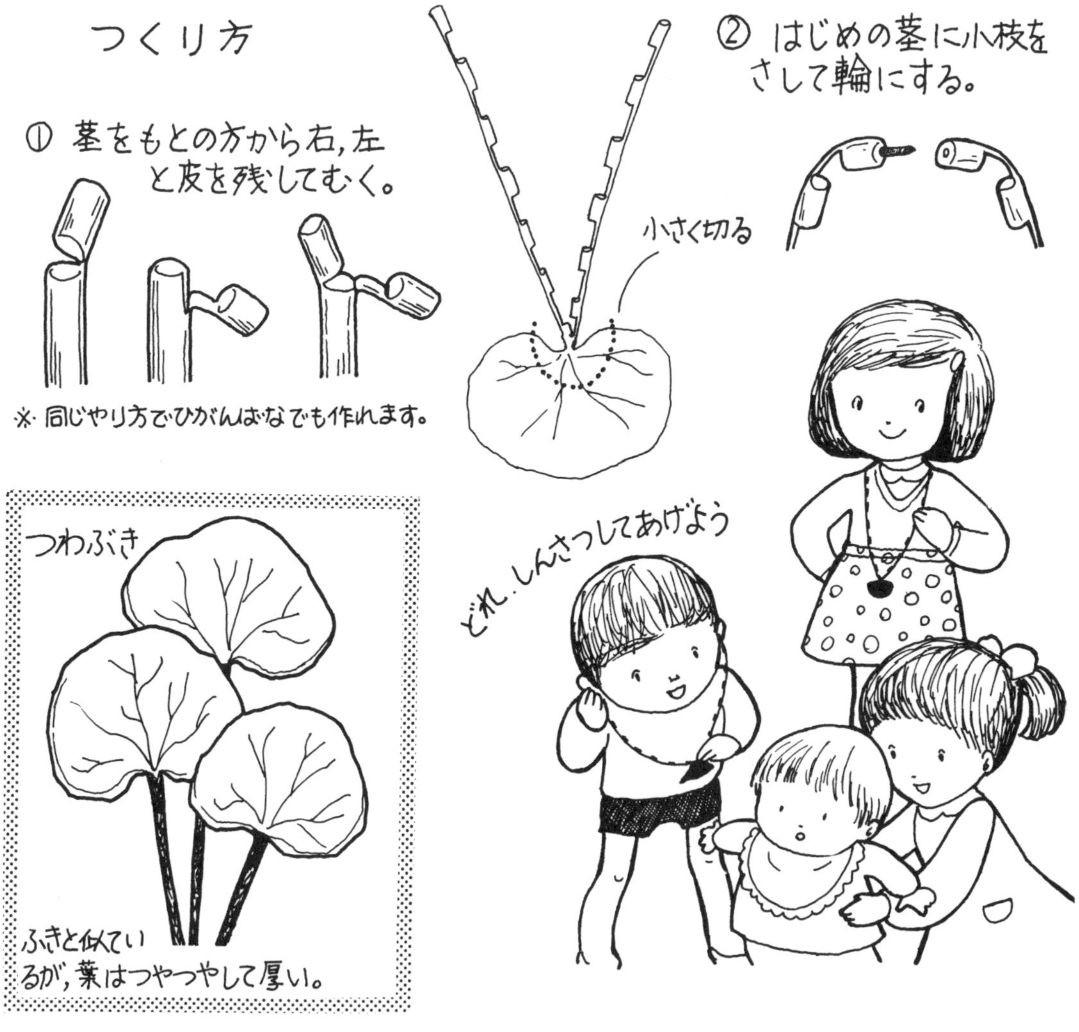
つくり方
① 茎をもとの方から右，左と皮を残してむく。
※ 同じやり方でひがんばなでも作れます。
小さく切る
② はじめの茎に小枝をさして輪にする。
つわぶき
ふきと似ているが，葉はつやつやして厚い。
どれ．しんさつしてあげよう

アクセサリーあそび

あざみの花かご

花屋さんで売っているのは栽培された西洋のあざみですが，野山を彩る野生のあざみもなかなか美しいものです。紅色，紫がかったピンク……，つい手にとってみたくなりますね。色あざやかなこの花，まつばをさせば小さな花かごに。そのままさげるだけでなく，ほかの小さな野の花をかざればすてきなアクセサリーになります。

あざみの花かご
まつばをさして
小さい花をかざる。
草のくきでとめて
ブローチにしてみたの

そてつのくさり

首にかけた大きな緑のくさりはそてつの葉。子どもたちの日やけした顔によく似合います。とがった葉はあつかいやすく，おもちゃにしてもいろいろなバリエーションが楽しめます。

ついでにちょいと丸めがねなどもかけて気どってみましょう。

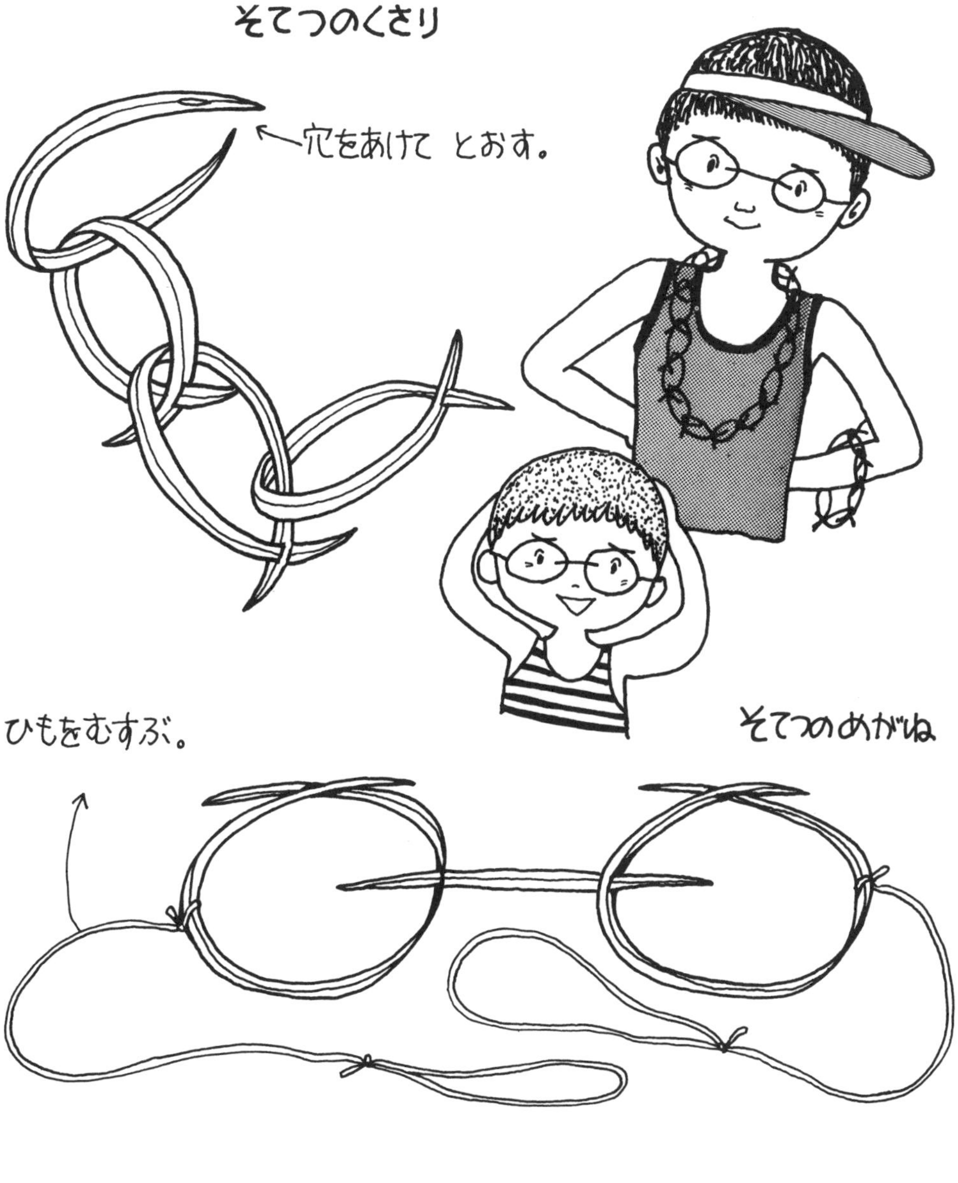
そてつのくさり
穴をあけて とおす。
ひもをむすぶ。
そてつのめがね

やえむぐらのくんしょう

やえむぐら —— 名前をきいたことはあるけれど，どんな草なのかな，と首をかしげる人もいるでしょう。実物を見ればなーんだ，ということになりそうです。野原や道ばた，庭のすみなどでも見かける雑草で，葉の裏と四角い茎にはとげがあります。

子どもたちは，放射状になった葉をむしって胸につけ，くんしょうにします。いっぱいつけたらエライ人。女の子も胸やセーターの袖につけてワッペンとしゃれていますね。

葉を切りとってくっつけよう。
やえむぐら

やつでのぼうし

野草の少ない所でも，庭で元気に大きな葉を広げて茂っているのがやつで。梅雨時など，雨に光った葉のかげであまがえるがちょこんとすわって歌っていたり，かたつむりが銀色のすじを残して移動していたり……。

この大きな葉を小枝でぬいとめれば，ちょっとしたレインハットができあがります。雨空をながめてくさっているよりは，このぼうしをかぶってちょっと散歩でもしてみたらいかがでしょう。

つくり方

大きなやつでの葉を2枚とり，2か所でとめてぼうしにする。

さといものぼうし

畑のさといもの葉を1枚いただいて頭にかぶり，うしろでとめましょう。

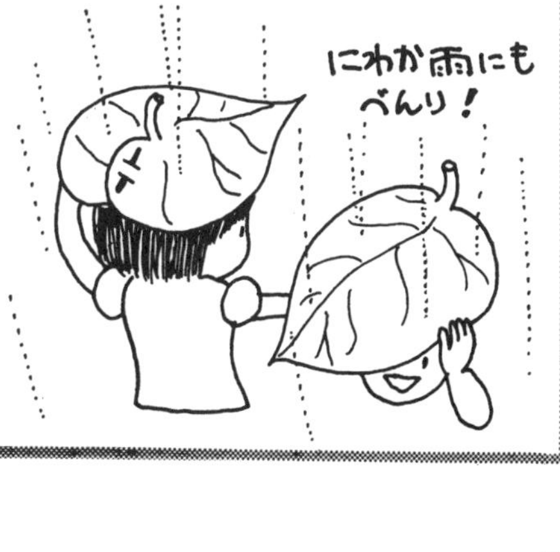

くずのかんむり

花輪や花のかんむりが女の子のかざりなら，くずのかんむりは男の子のもの。葉柄を茎からはずしてあみます。つくり方はしろつめくさなどの花輪をつくる要領でぐるっと輪にします。正面にあたるところに花でもつければ，りっぱな王様のかんむり。

山道や野原で，大きな葉を重ね，つるをのばしているくずの茂みをみつけたらつくってみましょう。

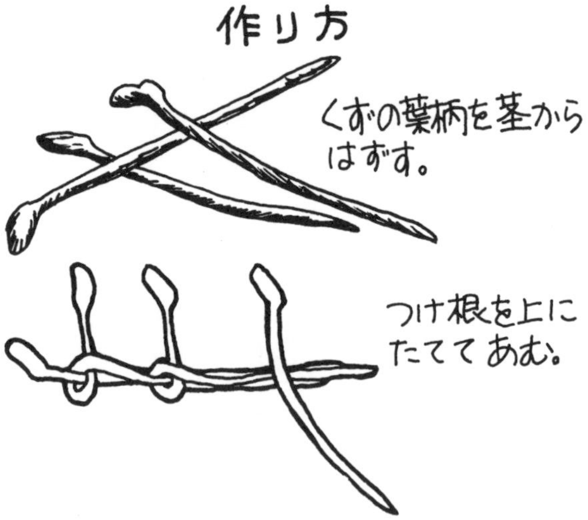
作り方
くずの葉柄を茎から
はずす。
つけ根を上に
たてて あむ。

くず
秋の七草
はぎ・おばな（すすき）
くず・なでしこ・おみなえし
ふじばかま・ききょう

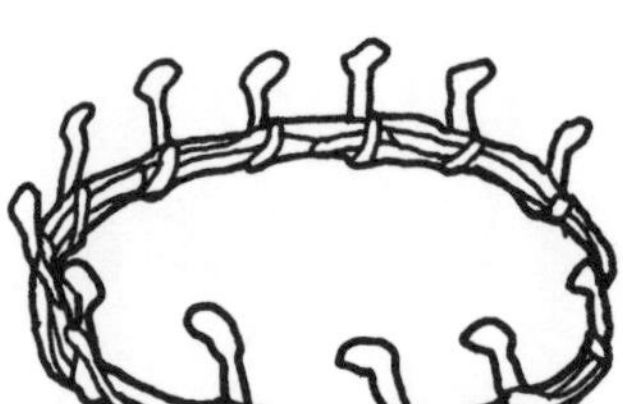

おひしばのかんざし

おひしば，めひしばは野原や道ばたにはえる草です。かっこうは似ていますが，おひしばは名前のとおり，茎を引っぱってもなかなか切れない強い草です。それに比べるとめひしばの方は茎も穂もやや細くやさしい感じです。

どちらも穂がかさの骨のように上を向いて出ています。この穂もちょっと皮をはがすとびらびらのかんざしのできあがり。いつごろどこの女の子が考えだしたか，首を振るたびゆらゆらゆれるかんざしは自然のやさしさに満ちています。

つくり方

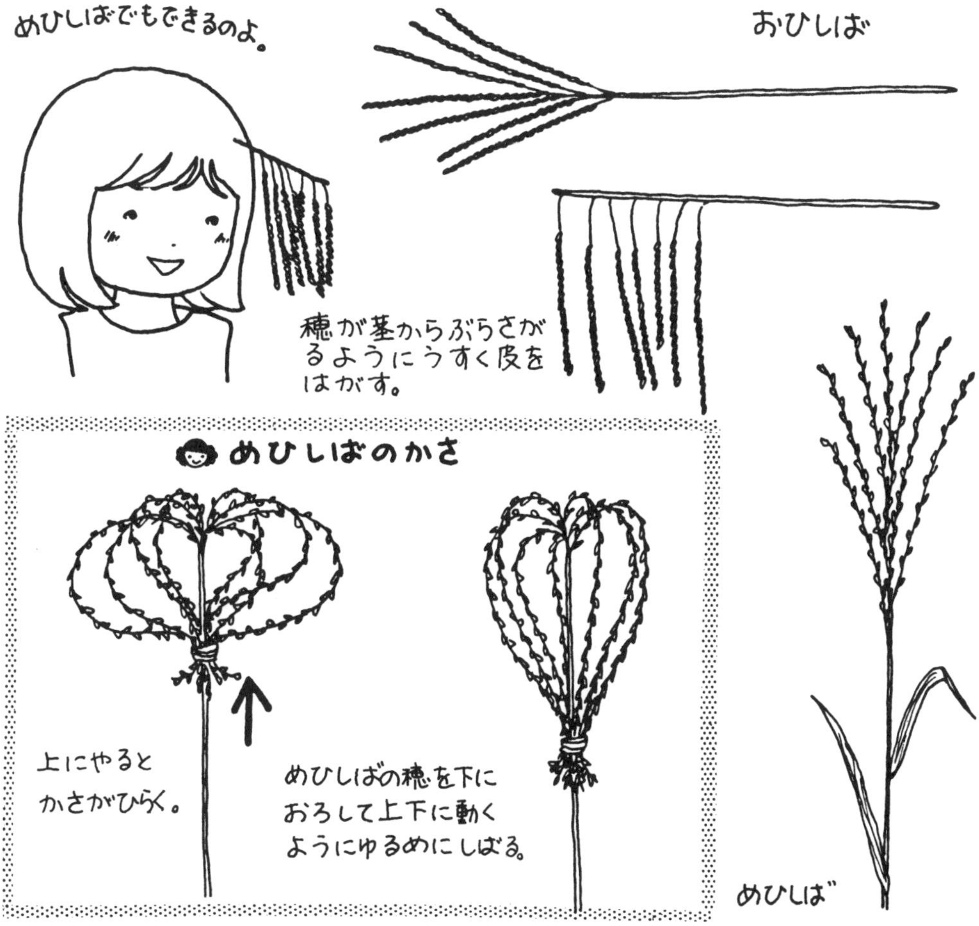
めひしばでもできるのよ。
おひしば
穂が茎からぶらさがるようにうすく皮をはがす。
めひしばのかさ
上にやるとかさがひらく。
めひしばの穂を下におろして上下に動くようにゆるめにしばる。
めひしば

つばきのかざり

つばきは古くから日本にある植物です。栽培が盛んになったのは徳川時代からで，そのころ西洋にも渡り，今では世界中で愛され育てられています。

つやつやした厚みのある葉っぱに赤い大きな花が咲くと，はなやかというよりは，深みのある美しさです。

散る時は花びらとならずに花の形のままポトンと落ちるので，昔の武士は首が落ちるのに似て不吉だと嫌ったとも言われます。けれど，きれいな形のまま落ちてくる花は，子どもたちにとってはうれしいばかり。花をひろってはかざり，ままごとあそび，お手紙ごっことつぎつぎに考えだします。

代表的なアクセサリーあそびをのせてみました。

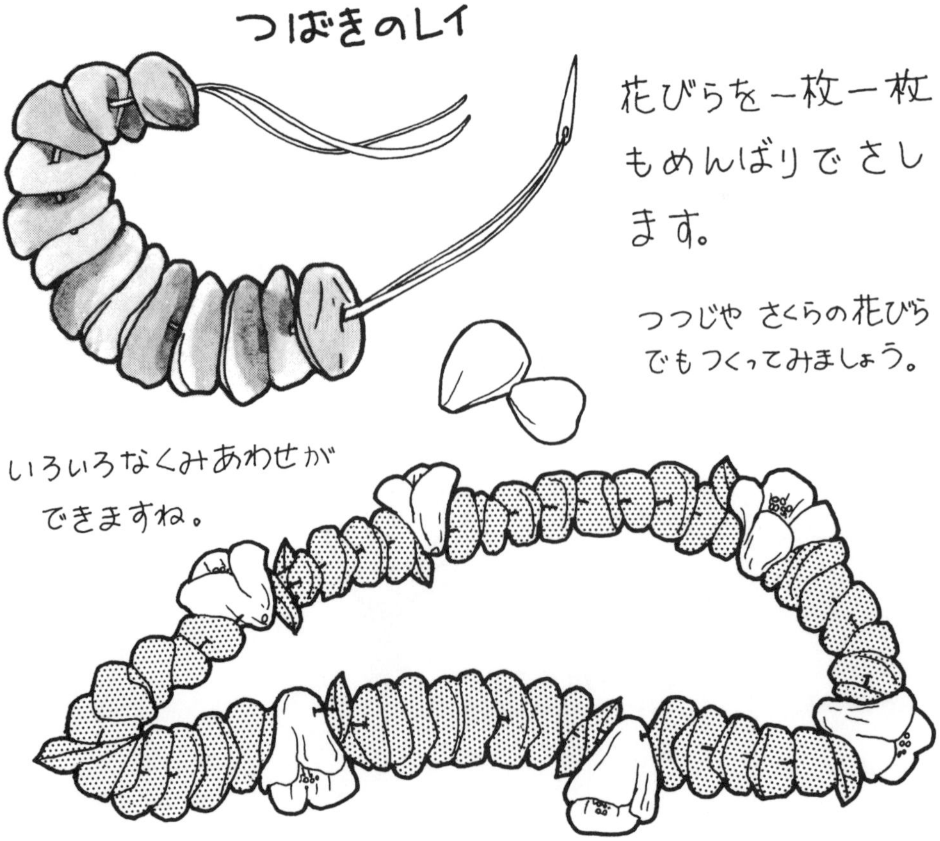
つばきのレイ
花びらを一枚一枚
もめんばりでさし
ます。
つつじや さくらの花びら
でもつくってみましょう。
いろいろなくみあわせが
できますね。

かんむり

① つばきの葉を小枝でつなぐ。

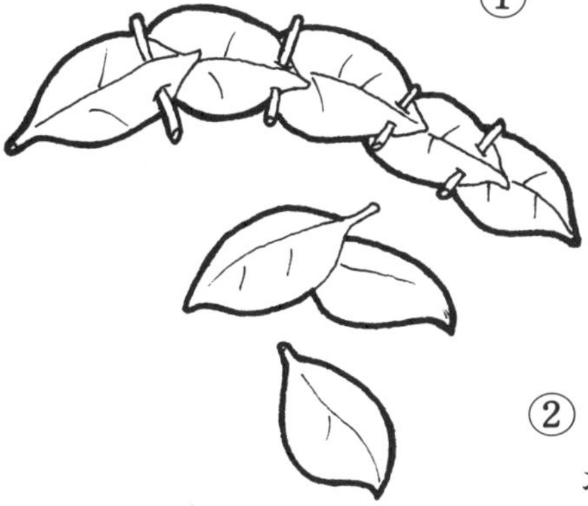

あたまのまわりにあわせながら，輪にする。

② 上の部分もおなじようにつなぐ。

花を正面にとめればできあがり。

王様になった気分！

つばきの葉のぞうり　つばきのあそびはほかにもあります。

① 2つに折って点線のところをちぎってひろげ，先にあなをあける。

② 柄をさしこんで裏をかれ草などでしばる。

花のマニキュア

アクセサリーとは少しニュアンスがちがいますが，やはり女の子のおしゃれ心を満たすあそびにマニキュアがあります。昔は〝つめぞめ〟とも言ったものです。あさがおの花びらをつめにのせ，まわりを切りとると，ぴったりくっついた花びらの色があざやか。

また，ほうせんかの花の汁でそめるあそびも，日本各地で見られます。こちらは朝鮮にその原型を見ることができます。〝鳳仙花染指〟と言われ，みょうばんといっしょに花をつめにのせ，くわの葉で包んで糸やわらでしばってそめるのです。唐の楊貴妃が生まれながらに紅色のつめだったという伝説によるものだそうです。どこの国でも女の子はおしゃれが大好きですね。

きれいな色の花びらで
マニキュアしましょう。
おしろい花や ほかの
花びらでもできます。
つめに花びらを
くっつけて きりとる。

ゆかいなあそび

めはじき

数年前は〝ヘンシン〟ごっこが子どもたちの間に流行しましたね。いつもとちがう自分になるというのは，意外なおどろきと楽しさをひきおこします。

めはじきは，弾力のある茎でまぶたをつっぱっておかしな表情をつくるあそびです。こっそりはめておいて，ふいにふりむいて顔をみせると，おもわず笑いだしてしまうことうけあい。にらめっこでもなかなか長つづきしません。

ふじのめはじき
ワッ！
しごいて葉をおとした茎2本
口にくわえてはしを上まぶたにつっぱる。

おおばこの穂をくわえてもできますよ。

※まちがって目に入れないように！

草しばり

草ぼうぼうの山や原っぱは，子どもたちのかっこうのあそび場です。草をふみわけてかけまわったり，こっそりかくれていて，ワッとおどろかしてみたり。ちょっと意地悪なあそびも，自然と考えつくものです。

そのひとつ。草しばりは，落とし穴ほどポピュラーではありませんが，人をひっかけるスリルは満点。ちからしばなど，切れにくい長い草をひとつかみずつ両わきからひっぱって，通り道のまんなかでしっかりしばっておきます。かくれて見ていると，何も知らないいじめっ子は足をとられてスッテンコロリ。「ヤッタ！　ヤッタ！」いじめっ子へのしかえしにはみんなで大よろこびです。でも，地面のかたいところでは，やってはいけませんよ。

たちあおいのにわとり

じりじり照りつける太陽の下で，目にもあざやかな花を咲かせるたちあおいは，くっきりと真夏を写した絵のようです。白やピンク，こい紅と，赤系統の花が多いようです。

たちあおいも，昔から子どものあそびにとり入れられています。別名コケコッコバナともいわれるとおり，花びらでニワトリのまねをしてあそぶのです。紅色の花びらをとって，つけ根のところをうすくはがし，ネバネバしたところをくっつければトサカになります。

作り方

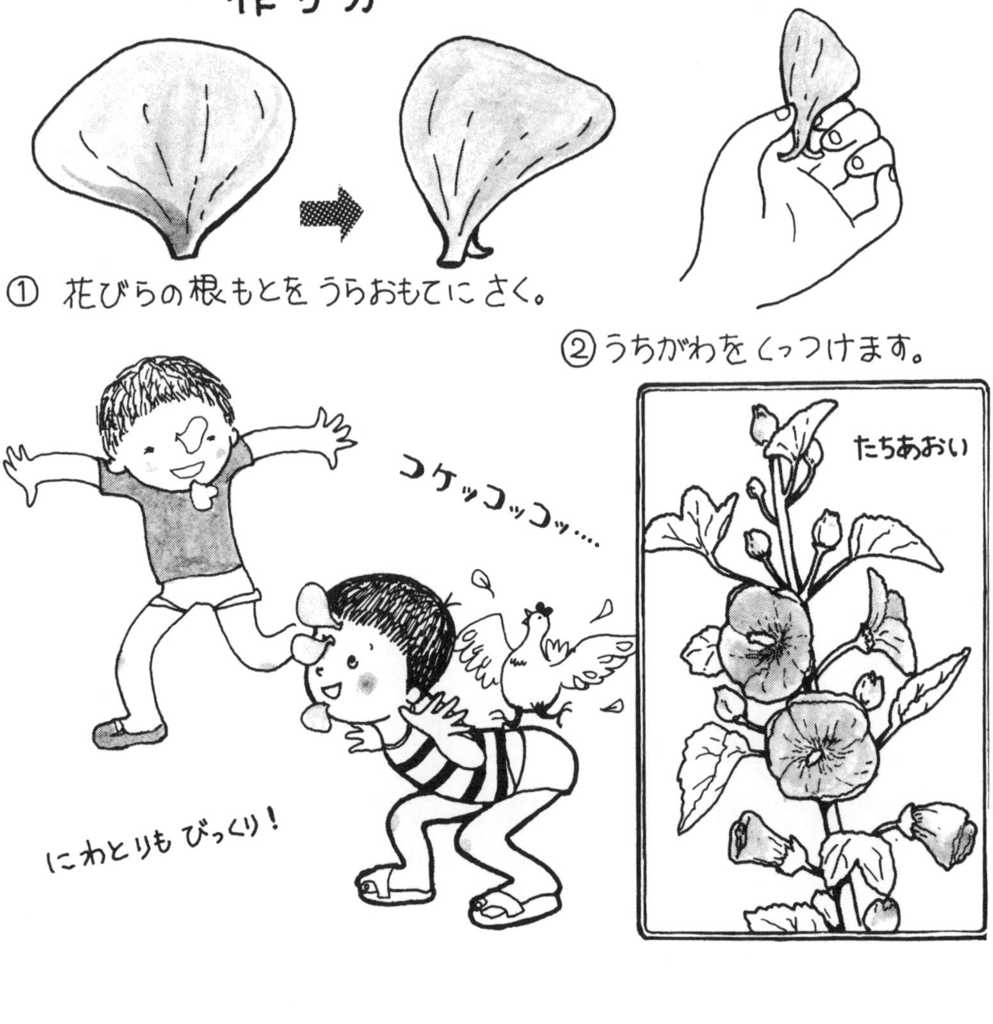
① 花びらの根もとを うらおもてに さく。
② うちがわをくっつけます。
コケッコッコッ….
たちあおい
にわとりも びっくり！

えのころぐさのひげ

えのころぐさというよりも，ねこじゃらしの方が通りがいいかもしれませんね。ふさふさした穂があれば相手がねこでなくともついくすぐってみたくなります。ほかにも，穂先を手の中でにぎって毛虫のように動かしたり，てんぐの鼻やひげにもなるし，なんといってもゆかいなあそびの代表格です。

えのころぐさのくっつけあそび

てんぐみたいにやつでのうちわをもって。

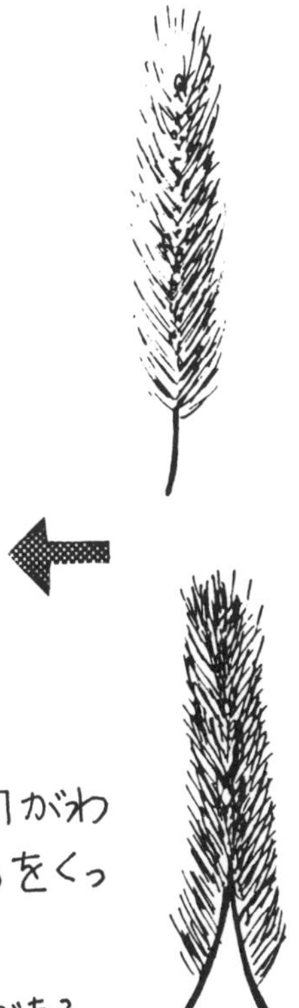

穂を２つにさいて内がわのねばりけのところをくっつける。

毛虫あそび

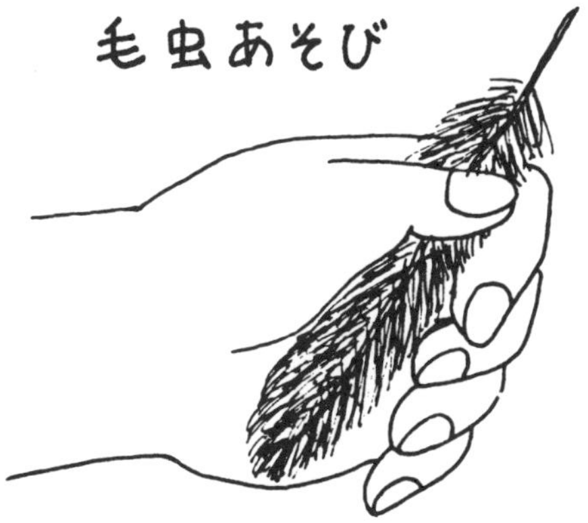

穂を手の中に入れて、小きざみに動かしたり、きゅっとにぎったりして、毛虫が動くように見せる。

竹づつ人形・わら人形

動くおもちゃは楽しいものですね。草花あそびの中にも，簡単な動く人形がいくつかあります。右のページは，いらなくなった筆の柄などを利用してつくる人形です。ひもを引くと刀をふりまわすのがとてもゆかい。

竹づつ人形の原型には，わらの人形やそらまめの人形などがあります。わら人形のつくり方は農村の子どもたちなら知っている子も多いでしょう。

芯をぬいて手にし，茎にさして上下させると細い両手がひょこひょこ動きます。穂をさして動かすと〝おいで，おいで〟をしているようにみえます。

わらが手に入ったらぜひつくってみたいもののひとつです。

つくり方

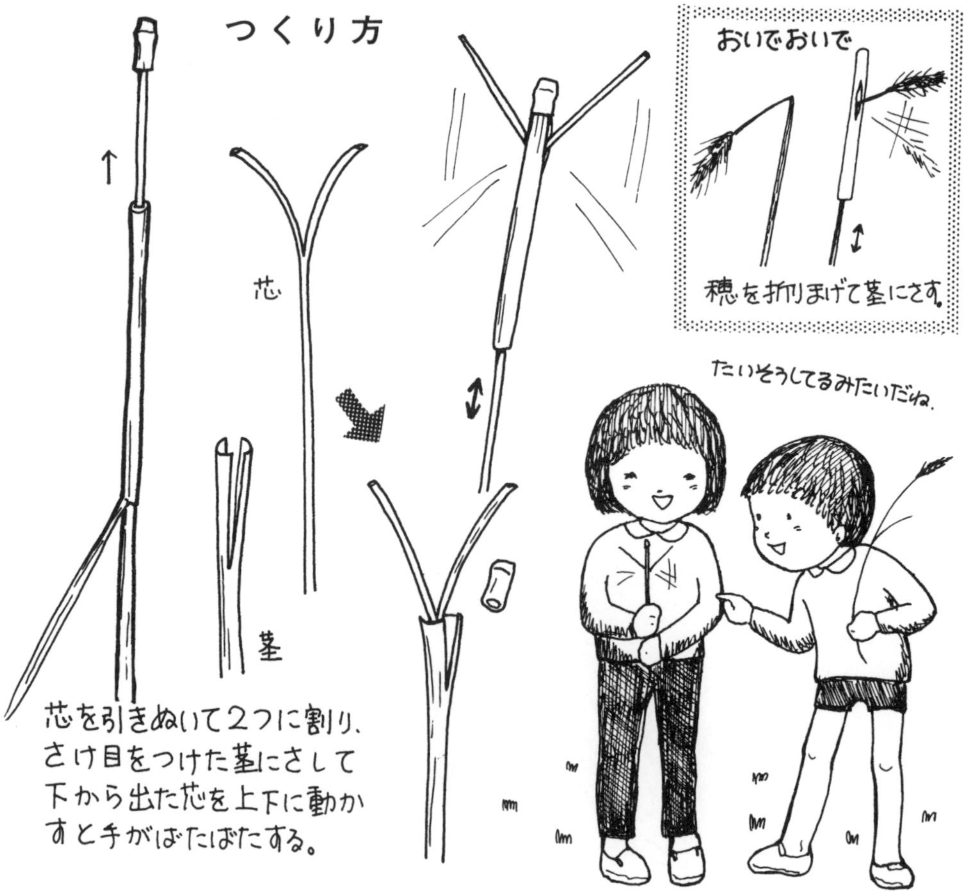
芯
茎
おいでおいで
穂を折りまげて茎にさす。
たいそうしてるみたいだね。
芯を引きぬいて2つに割り，
さけ目をつけた茎にさして
下から出た芯を上下に動か
すと手がばたばたする。

竹筒人形

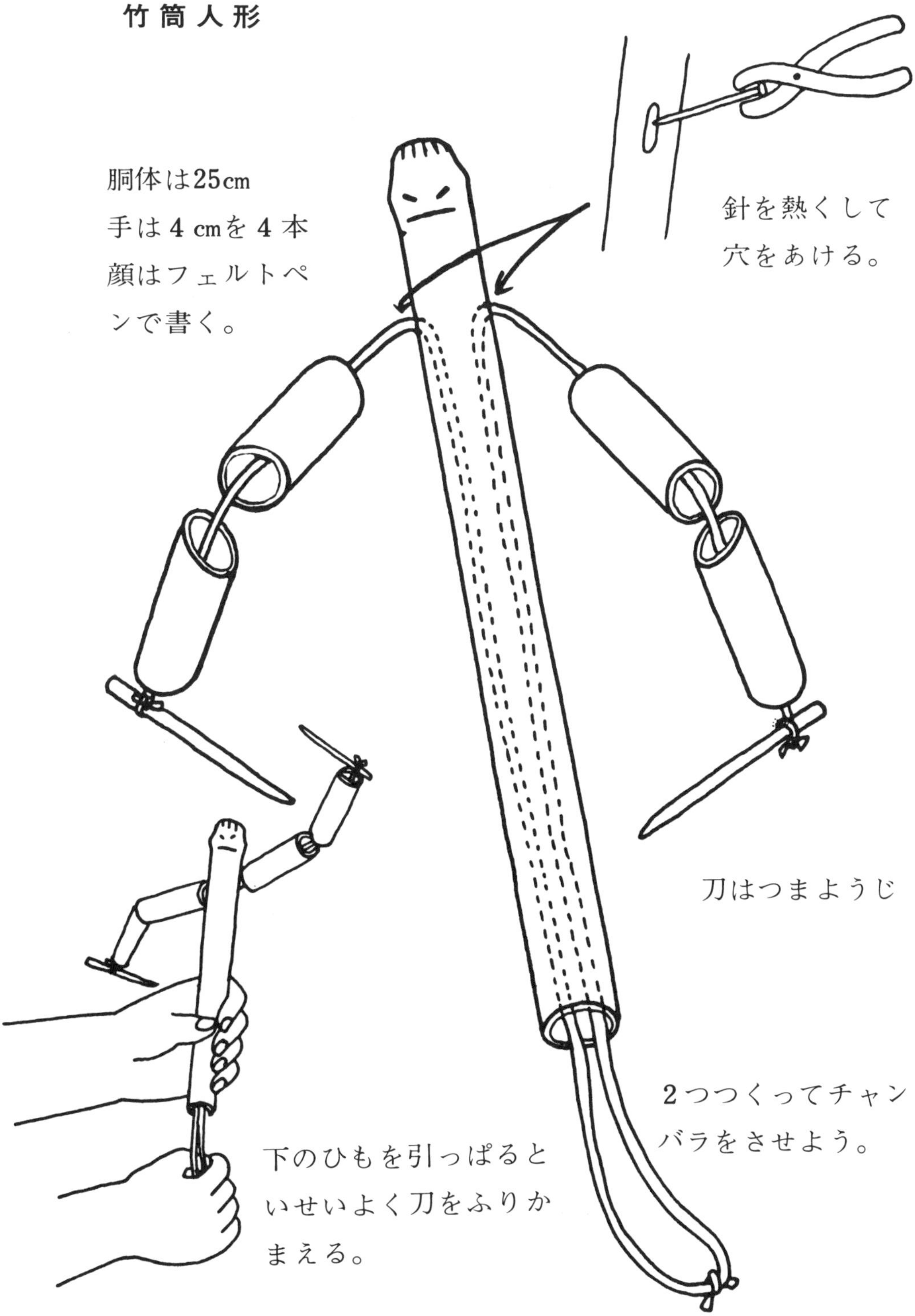
胴体は25cm
手は4cmを4本
顔はフェルトペンで書く。
針を熱くして穴をあける。
刀はつまようじ
2つつくってチャンバラをさせよう。
下のひもを引っぱるといせいよく刀をふりかまえる。

すいかのおめん

大きなすいかは真夏の味。スプーンなんか使わずにぱっくりかぶりつくのがいちばん。でも，ちょっと待ってください。おもしろい食べ方があるのです。フェルトペンで顔の絵，といっても目と口ですが，をかいてナイフで切りぬいてスプーンで中身を出しましょう。中を洗ってマッチ棒かつまようじをさすとろうそくたてに。火をともすとゆらゆら表情が変わるみたいです。それにあきたら頭が入るくらいの穴を下にあけてかぶるとおめんになります。

あんまり上品なあそびとは言えませんが，夏休みのたいくつしのぎにいかがなものでしょう。

つくり方

① フェルトペンで下書きをしてナイフで切る。

② スプーンで中身をくりぬく。

③ マッチ棒をさしてろうそくをたてる。持つところは針金でつくる。

あとでおふろにはいらなきゃ
底に穴をあければおめんになるよ。

がまの穂のいたずらがき

〝がまのほわたにくるまれば〟うさぎはもとの白うさぎになったという伝説で知られるがま。池や川の浅い水の中に群生しています。実際，がまの花粉は止血剤として用いられるそうですから，皮をむかれたうさぎさんにもききめがあったのかもしれませんね。

このがまの穂は，茶色の粉がつくので，いたずらがきあそびができます。顔や服にもすぐつきますが，はたけば落ちるのでだいじょうぶ。

めがねもかいちゃった！
POKO POKO…
ナーンマイダ！
がま

だいずのむかで

だいず，と言っても，田畑が近くになくて，えーっと，なんて考えてしまう人も，えだまめと聞けばおわかりでしょう。ほかにも，いったり，煮たり，粉にしたり，とうふになっとう，みそ，しょうゆ……数えあげればきりがありません。私たちの食生活に切り離せない植物ですね。

秋になると，葉も枯れて落ち，葉柄が残ります。これは編みやすく，いろいろなおもちゃができるのです。むかでをつくってちょっとびっくりさせてみませんか。

作り方

①大きい葉柄を中心におく。

②別の葉柄を中心の葉柄に直角においてまく。

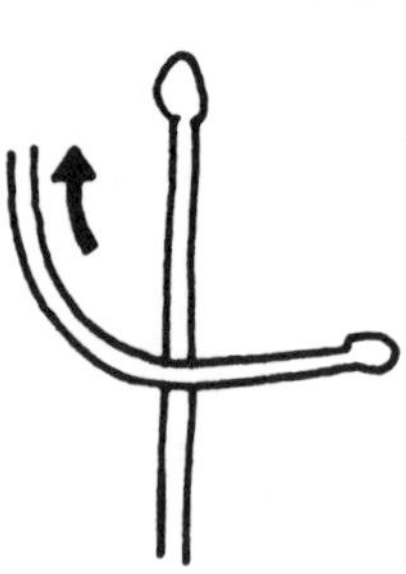

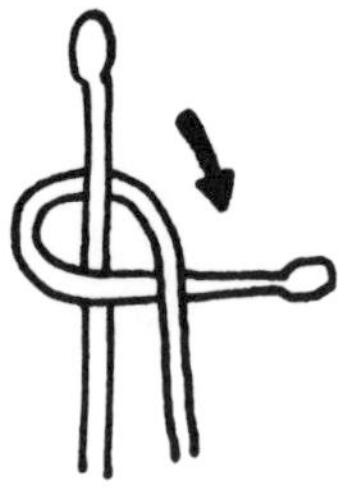

③右、左と足が出るように順にあむ。

④10本くらい足ができたら最後の葉柄でしばって切りそろえる。

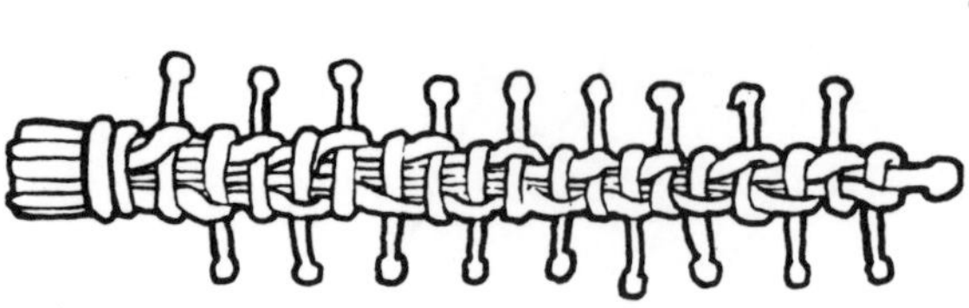

植物名別索引（50音順）

編　集　芸術教育研究所・おもちゃ美術館

芸術教育を通して子どもたちの全面発育を育むための研究機関として1953年に設立。美術，音楽，演劇，文学，工芸など，さまざまな芸術教育の研究および実践を行っている。

また，定期的に，幼児教育をはじめとする芸術教育，おもちゃコンサルタント養成講座をはじめとするおもちゃ関連の講座などのほか，高齢者福祉に視点をおいた講座も開催し，福祉現場の関係者の支持を受けている。

また，当研究所と幼稚園・小学校の教育者，および保育者，高齢者福祉施設指導員，研究者などにおいて「芸術教育の会」を組織し，芸術教育の研究の実践・実証を行い，研究部会や実践交流会の開催，国内外の視察見学，情報誌・研究誌の発行，芸術教育関連の専門書の出版を行っている。

イラスト　平田麻里子

写　真　平田麻里子

制　作　平田麻里子

企　画　多田千尋（芸術教育研究所所長）

お問い合わせは……

芸術教育研究所・おもちゃ美術館　〒165－0026　東京都中野区新井２－12－10
Tel　03(3387)5461

楽《たの》しくつくろう草花《くさばな》おもちゃ

編　者　芸術教育研究所《げいじゅつきょういくけんきゅうじょ》·おもちゃ美術館《びじゅつかん》
発行者　武　馬　久　仁　裕
印　刷　株式会社一誠社
製　本　協栄製本工業株式会社

発行所　株式会社　黎《れい》　明《めい》　書《しょ》　房《ぼう》

460-0002　名古屋市中区丸の内３-６-27　EBSビル　☎052-962-3045
FAX 052-951-9065　振替·00880-1-59001
101-0051　東京連絡所·千代田区神田神保町１-32-２　南部ビル302号
☎03-3268-3470

落丁本·乱丁本はお取替します　ISBN4-654-00123-9

010402